Wie male ich Stilleben in Öl

EDITION
MICHAEL FISCHER

Parramons SCHRITT für SCHRITT LEHRGANG

Titel der Originalausgabe: „Pintando bodegón óleo“
Aus dem Spanischen übertragen von Christa L. Cordes

1. Auflage 1988
Alle Rechte der deutschsprachigen Ausgabe bei
Edition Michael Fischer, Stuttgart

Herstellung und Satz:
Verlagsservice Henninger GmbH, Würzburg

Printed in Spain by Cayfosa,
Sta. Perpètua de Mogoda – Barcelona

Legal Deposit: B-7.533-88
ISBN 3-924433-44-5

Wie male ich
Stilleben
in Öl

Parramóns Schritt-für-Schritt-Lehrgang ist ein Mal- und Zeichenkursus, der sich auf die Erfahrung und die Mitarbeit zahlreicher bekannter Berufskünstler stützt. Jeder Band behandelt eine bestimmte Technik – Öl-, Aquarell- und Acrylmalerei, Pastellkreide und Farbstifte – und eine bestimmte Thematik: Landschaft, Seestück, Stilleben, Gestalten, Porträts etc. Er enthält eine Einführung in das jeweilige Gebiet und eine praktische Unterweisung. So befaßt sich dieser Band mit dem „Stilleben in Öl". In der entsprechenden Einführung untersuchen wir neben den Grundlagen der Komposition auch die Unterschiede zwischen der valoristischen und der koloristischen Malweise. In jedem Band werden ferner das Material und das Handwerk für das entsprechende Thema erläutert – hier die Kunst der Komposition.
Das wirklich Außergewöhnliche dieses Schritt-für-Schritt-Lehrgangs besteht jedoch darin, daß die gesamte Unterweisung – Wahl des Themas, Komposition, Interpretation, Farben, Harmonisierung, Wirkung von Licht und Schatten, Valorismus, Kolorismus, warme, kalte und gebrochene Farben –, das gesamte Wissen und, was noch wichtiger ist, die gesamte Technik, die Geheimnisse und Berufstricks, die Erfahrungen und das Handwerk der einzelnen Berufskünstler Strich für Strich und Schritt für Schritt anhand Dutzender von Fotos vermittelt werden, die während der Arbeit des jeweiligen Malers an seinem Bild entstehen.
Ich habe diese Teamarbeit, an der mir soviel lag, persönlich geleitet und darf Ihnen daher versichern: Mit dieser Buchreihe lernt man wirklich zeichnen und malen.

José M. Parramón

Van Gogh und seine Stilleben

An einem sonnigen Sonntag im Juli des Jahres 1890 hörten einige Bauern nahe dem Dorf Auver-sur-Oise im Norden Frankreichs einen Schuß. Sie liefen zu einem Schuppen und fanden dort einen schwerverwundeten Mann, der sich mit einem Schuß einer Pistole verletzt hatte, die immer noch in seiner rechten Hand rauchte. „Das ist der verrückte Maler", rief einer der Bauern. „Er heißt van Gogh. Vorgestern war er mit seiner Staffelei hier und malte das Weizenfeld dort drüben." Zwei Tage später, am 29. Juli 1890, starb der Maler.

Vincent van Gogh lebte und starb arm, verkannt und von einer Gesellschaft zurückgewiesen, die ihn nicht zuletzt wegen seiner Malweise für geistig gestört hielt.

„Mich machen die Einsamkeit und die Armut ringsum verrückt", schrieb van Gogh wenige Monate vor seinem Selbstmord an seinen Bruder Theo. Er hatte kein einziges der mehr als 850 Bilder verkauft, die er in der letzten Dekade seines Lebens malte. Genauer gesagt, er verkaufte nur ein einziges Zeit seines Lebens: „Die roten Weinberge", das eine gewisse Anna Bosch für 400 Franken entweder aus Mitleid erwarb, oder weil sie den außergewöhnlichen Wert eines van Gogh spürte.

Anna Bosch hat sich nicht geirrt. Im Frühjahr 1987 versteigerte das Haus Sotheby in London van Goghs „Sonnenblumen" für 24 750 000 Pfund Sterling, und im Herbst desselben Jahres gingen van Goghs „Schwertlilien" für 29 500 000 Pfund Sterling an einen neuen Besitzer. Diese beiden Werke erzielten die höchsten Preise, die je in der Kunstgeschichte gezahlt wurden. Und bei beiden handelte es sich um Blumenmotive, also um ein Stilleben.

Mit diesen Bildern und auch seinen übrigen Werken führte van Gogh den Fauvismus und den Expressionismus ein und malte mit flachen Formen und heftigen Farben. Van Gogh und Paul Cézanne waren die beiden großen revolutionären Vorläufer der modernen Kunst. Van Gogh brachte eine neue Farbauffassung ein, Cézanne entwickelte eine konkrete Lehre über die Struktur der Körper. Sowohl van Gogh als auch Cézanne malten zahlreiche Stilleben; beide betrachteten das Stilleben als hervorragendes Thema für

1

Abb. 1: Vincent van Gogh (1853–1890), *Selbstporträt* (Ausschnitt), Louvre, Paris. In seinen letzten Lebensjahren malte van Gogh rund 30 Selbstporträts. Dieses ist eines seiner besten. Er fertigte es 1888 an, zwei Jahre vor seinem Selbstmord.

2

Abb. 2: Vincent van Gogh, *Weizenfeld mit Raben,* Stedlikje-Museum, Amsterdam. Dieses Bild malte van Gogh zwei Tage vor seinem Tod nahe dem Dorf Auver-sur-Oise im Norden Frankreichs.

3

Abb. 3: Vincent van Gogh, *Rote Weinberge in Arles,* Puschkin-Museum, Moskau. Von seinen mehr als 850 Bildern, konnte er nur dieses für 400 Franken verkaufen.

das Atelier – „für das Labor“, wie Cézanne sagte –, um zu probieren, zu kombinieren, zu komponieren, die visuelle Wahrnehmungsfähigkeit, das Sehvermögen, die Komposition und die Vorstellung, ein Bild als integriertes Ganzes zu malen, zu entwickeln. „Unter den Dingen, die man tun könnte, um Geld zu verdienen“, sagte van Gogh zu seinem Bruder, „sind besonders Zeichenstunden mit Stilleben geeignet, denn sie sind meiner Ansicht nach das beste Modell, um malen zu lernen.“

Das stimmt zweifellos. Sie können es in diesem Buch selbst feststellen, wenn Sie Schritt für Schritt und Pinselstrich für Pinselstrich mitverfolgen, wie erfahrene Kunstmaler ihr Stilleben herstellen.

4

Abb. 4: Vincent van Gogh, *Die Sonnenblumen,* Privatsammlung. Van Gogh malte zwei Bilder mit Sonnenblumen in derselben Vase. Eines der beiden befindet sich in der Tate Gallery in London. Das andere, hier abgebildete, wurde 1987 in London für 24 750 000 Pfund Sterling versteigert.

5

Abb. 5: Vincent van Gogh, *Die Schwertlilien,* Privatsammlung. Dieses Bild erzielte 1987 bei einer Versteigerung in London mit 29 500 000 Pfund Sterling den höchsten Preis, der je für ein Gemälde gezahlt wurde.

Cézannes Lehrsatz

Paul Cézanne malte die meisten Stilleben der Impressionisten. Er war ein hagerer, introvertierter Mann, „furchtbar und brutal wie eine gequälte Gottheit", so beschrieb ihn einer seiner Freunde. Zeitgenossen von Cézanne wie Seurat, Gauguin, van Gogh und andere sprachen und schrieben über die physikalischen und optischen Gesetze der Malerei. Cézanne sprach kaum und schrieb noch weniger. „Ich rede nicht, ich male", erklärte er.
Ihn beschäftigten die Form, die Struktur der Körper. Der französische Kunsthistoriker Elie Fauré schrieb: „Um Cézanne zu verstehen, muß man vor allem begreifen, daß seine Sorge der Überlagerung von Ebenen galt. Die Farbe spielte für Cézanne nur eine zweitrangige Rolle." Und er zitiert dazu den Meister selbst: „Wenn die Farbe all ihren Reichtum entwickelt, erreicht die Form ihre ganze Fülle."
Auch wenn Cézanne wenig sprach, so faßte er in den letzten Jahren seines Lebens doch das eine oder andere zusammen, so seinen berühmten Lehrsatz über die Synthese der Formen, und er äußerte die Notwendigkeit, alle Formen der Natur auf die eines Würfels, einer Kugel oder eines Zylinders zu reduzieren.
Cézannes Lehrsatz läßt sich auf alle Körper oder Gegenstände anwenden, vom Eisschrank bis zum Wolkenkratzer. Insbesondere eignet er sich jedoch zum Aufbau und Zeichnen der Elemente eines Stillebens, also Früchte aller Art, Äpfel, Pfirsiche, Trauben, die im wesentlichen der Form einer Kugel entsprechen, Tassen, Krüge, Flaschen mit der Grundform eines Zylinders und Bücher, Tische, Stühle etc. mit der Grundform eines Würfels. Anhand dieser Grundformen – Würfel, Kugel und Zylinder – lassen sich außerdem hervorragend die Wirkung von Licht und Schatten sowie kleine Perspektivprobleme untersuchen. Zeichnen Sie mit einem weichen Bleistift wie dem 4B oder 6B die Grundformen, die Sie unten auf dieser Seite abgebildet finden. Plazieren Sie sie immer wieder anders, und zeichnen Sie sie auch aus dem Kopf. Das ist eine gute Vorübung für die korrekte Zeichnung aller späteren Formen.

6

Abb. 6: Paul Cézanne (1829–1906), *Selbstporträt,* Louvre, Paris. Von allen Impressionisten hat Cézanne zweifellos die meisten Stillen gemalt. Im Gegensatz zu vielen anderen Künstlern seiner Zeit war er kein Theoretiker, wiederholte jedoch mehrfach seine Auffassung, daß der Maler alle Formen der Natur auf eine Kugel, einen Kegel oder einen Zylinder reduzieren müsse.

Abb. 7: Ich setze voraus, Sie können einen Würfel, einen Zylinder, eine Pyramide und eine Kugel aus dem Kopf zeichnen, „die Perspektive richtig erfassen", wie Cézanne sagte, und deren Werte von Licht und Schatten aus dem Gedächtnis anlegen. Sonst empfehle ich, dies schulmäßig zu üben, um besser zeichnen zu lernen.

Abb. 8: Die meisten Gegenstände und Körper in Ihrer Umgebung, angefangen von einem Tisch oder Stuhl bis zu einem Glas oder einem Regal, lassen sich auf die Grundform eines Würfels, eines rechteckigen Prismas, eines Zylinders oder einer Kugel reduzieren.

7

8

Maße, Proportionen, Einrahmung

Eine gute Zeichnung – und folglich ein gutes Gemälde – sind das Ergebnis einer korrekten Einrahmung. Einrahmen – etwas in einen Kasten einschließen – ist ein Synonym für die Berechnung der Maße und Proportionen. Der Rahmen kann nach Cézannes Lehrsatz aus einer Kugel, einem Zylinder oder einem Würfel bestehen oder aber aus einer geometrischen Fläche wie dem Quadrat, dem Rechteck, dem Oval oder dem Kreis. Um die nebenstehende Blumenvase einzurahmen, habe ich das Modell zunächst genau betrachtet und dann Höhe und Breite des Blumenstraußes berechnet. Anschließend habe ich dasselbe mit der Vase getan. Ich habe das Verhältnis von Strauß und Vase untersucht und beide Maße festgelegt.
Aufgrund dieser gedanklichen Berechnung konnte ich die Eingangszeichnung herstellen (Abb. 10 A). Anschließend habe ich die inneren Maße des Modells untersucht und miteinander verglichen (Abb. 10 B). Beendet habe ich den Aufbau mit der klassischen Methode der imaginären senkrechten und waagerechten Linien, die die Lage bestimmter Formen und

9

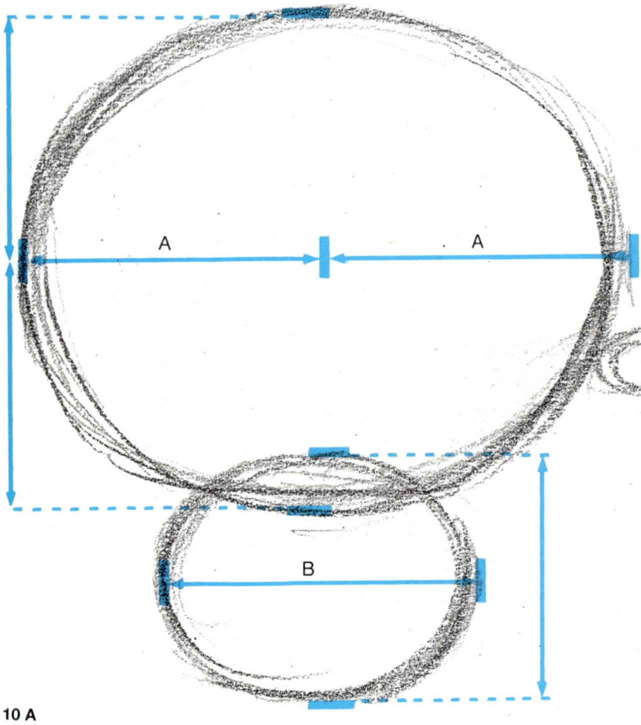

10 A

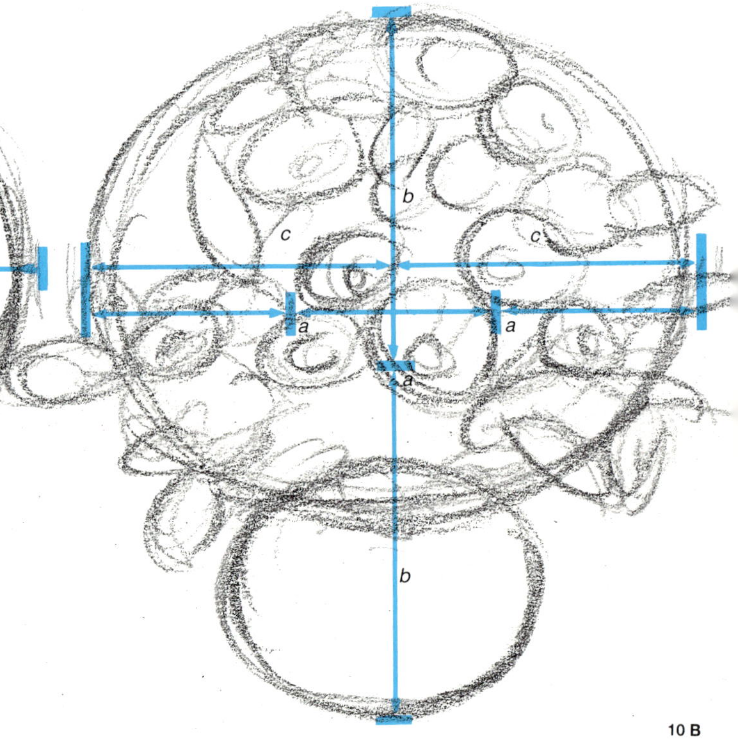

10 B

Punkte bezeichnen. Der eigentliche Rahmen kann auf den Hauptblock des Modells reduziert werden, wobei die überstehenden Formen wie bei der Blumenvase im Kasten unten unbeachtet bleiben.

Abb. 9, 10, A, B, C: Alle Gegenstände, alle Körper können in eine Grundform wie Kreis, Oval, Quadrat, Rechteck oder Dreieck eingeschlossen werden. Wie berechnet man dessen Maße und die der übrigen Körper? Indem man Abstände vergleicht. In unserem Fall erkennen Sie, daß das Oval des Blumenstraußes genau doppelt so breit und hoch ist wie das der Vase (A, B).

Anschließend berechnen Sie die Lage, die Maße und Proportionen der einzelnen Blüten und Blätter. Neben sich entsprechenden Abständen kann sich der Maler imaginäre senkrechte, diagonale oder waagerechte Linien denken, die die Lage der Formen angeben: zum Beispiel den Winkel a), der die Lage der Margeriten bezeichnet, während die Senkrechte b) die Umrisse, manche Zentren etc. der Blüten und Blätter angibt. Die Waagerechte c) ermöglicht schließlich die Anlage der rechten Margerite sowie der Blätter in der Mitte und zur Linken.

Mit einer korrekten Einrahmung und Vorzeichnung läßt sich anschließend mühelos malen.

10 C

11

A B C

Abb. 11 A, B und C: Wie auf der Abbildung zu erkennen, kann sich der Rahmen (b) auf den Hauptblock des Modells beschränken, so daß die zusätzlichen Formen außerhalb bleiben.

Die Auffassung der Valoristen

Was bedeutet es, wie ein Valorist zu malen?
Jahrhundertelang zeichneten und malten die Künstler unter besonderer Berücksichtigung des Volumens, der Wirkung von Licht und Schatten und der Ausarbeitung – kurz gesagt, der Darstellung der dritten Dimension. Angefangen von Leonardo da Vinci – „Zeichnen Sie langsam, und beobachten Sie, welches Licht die größte Helligkeit besitzt und welche Schatten am dunkelsten sind . . .“ – bis zu den Impressionisten von Corot („Die beiden wichtigsten Dinge, die es in der Kunst zu beachten gilt, sind die Form und die Tonwerte“) – über Manet („Ich suche das volle Licht und den vollen Schatten. Der Rest kommt danach) malten alle Künstler mit der Wirkung von Licht und Schatte. Sie berücksichtigten die Spitzlicher, die am stärksten beleuchteten Flächen, den Eigenschatten, das reflektierte Licht und den Wurfschatten.
Das ist normal und war auch bei so berühmten figurativen Malern wie Picasso und Dalí der Fall, bis zu Beginn dieses Jahrhunderts, genauer gesagt 1905, plötzlich die Fauves (frz.: die Wilden) auftauchten.

12

Abb. 12. Jean Baptiste Simeon Chardin (1699-1779), *Die Attribute der Künste,* Eremitage, Leningrad.

13

Abb. 13. Paul Cézanne *Stilleben,* Louvre, Paris. Auch wenn Cézanne als moderner Maler ein Vorläuter des Kubismus und einiger weiterer Stilrichtungen war, malte er mit Licht, Schatten und Tonwerten, um das Relief der Körper zu betonen.

Abb. 14: Isidor Nonell (1873-1911), *Stilleben,* Museum für moderne Kunst, Barcelona. Nonell ist ein bekannter katalanischer Maler, der sich durch ein großes Gespür für Vereinfachung auszeichnete, wie dieses Stilleben beweist. Trotzdem arbeitete er die Tonwerte von Licht und Schatten gut heraus.

14

15

Abb. 15: Salvador Dalí (geb. 1904), *Brotkorb,* Dalí-Museum, Figueras. Als Meister des Surrealismus widmete sich Salvador Dalí besonders Themen mit der minutiösen valoristischen Ausarbeitung des Hyperrealismus.

Abb. 16: Dieses Stilleben in Öl aus einem Keramikkrug mit Früchten habe ich in einem absolut valoristischen Stil gemalt und die Formen und das Volumen mit seitlichem, diffusem Licht gelöst.

16

Die Auffassung der Koloristen

Der Impressionist Edouard Manet war trotz seiner Aussage, in seinen Werken „das volle Licht und den vollen Schatten“ ausdrücken zu wollen, mit seinem Bild „Der Pfeifer“ aus dem Jahre 1886 der Initiator der koloristischen Malweise mit flachen Farben ohne Licht und Schatten. Betrachten Sie die nebenstehende Abbildung seines Werkes: Der Pfeifer ist ohne Licht und Schatten dargestellt und befindet sich auf einem ockergrauen Grund ohne Boden oder Wand, obwohl natürlich ein Hintergrund vorhanden ist. Im Waffenrock, in den Schuhen und in der Kappe befindet sich ein flaches Schwarz; die Hosen sind rot und enthalten kaum sichtbare Striche, die die Falten andeuten. Auch das Gesicht weist praktisch weder Licht noch Schatten auf.
Der Herbstsalon von Paris des Jahres 1905 zeigte Bilder in heftigen flachen Farben mit verzerrten Formen, von denen ein Teil der Kritiker jener Zeit sagte, sie sähen aus wie von wilden Tieren gemalt (französisch: von den „Fauves“). Diese Bezeichnung wurde zu einem Stilbegriff. Zu den Fauves zählten u.a. Matisse, Derain, Vlaminck, Roualt und Marquet. Sie sind allesamt Koloristen (siehe Abbildungen auf dieser Doppelseite) und malten in einem Stil, der bis heute seine Gültigkeit behalten hat, weil er weniger figurativ und akademisch, dafür jedoch kreativer ist. Ein in diesem Stil malender Künstler ist davon überzeugt, daß die Farbe auch ohne Volumen und exakte Ausarbeitung alles ausdrücken kann.

17

Abb. 17: Edouard Manet (1823-1883), *Der Pfeifer,* Louvre, Paris. Nachdem Mitte des 19. Jahrhunderts japanische Drucke nach Paris gelangt waren, untersuchten die Impressionisten – Manets Bande, wie die Kritiker sie nannten – die Möglichkeit, mit flachen Farben ohne das Spiel von Licht und Schatten zu malen. Pionier dieser koloristischen Malweise war Manet mit diesem Bild.

Abb. 18: Vincent van Gogh, *Oleander,* Privatsammlung. Van Gogh, dessen Werke bereits zahlreiche Merkmale des Expressionismus aufweisen, drückte die Formen in vielen seiner Bilder ausschließlich mit Farben aus.

18

19

20

Abb. 19, 20: Maurice Vlaminck (1876-1958), *Stilleben mit Blumenvase*, Privatsammlung, Paris, und Henri Matisse (1869–1954), *Bronze und Früchte*, Puschkin-Museum, Moskau. Beide Künstler zählen zu den *Fauves* und geben die Formen mit flachen Farben ohne Licht und Schatten in absolut koloristischer Weise wieder.

Abb. 21: „Die Farbe ist absolut in der Lage, allein die Form auszudrükken", sagte Bonnard. In diesem koloristischen Sinne habe ich hier das Modell der vorigen Doppelseite mit praktisch völlig flachen, heftigen Farben und ohne besondere Beachtung der Form mit lockerer Hand wie ein *Fauve* gemalt.

21

Malen und Komponieren

Wir befinden uns im Atelier von José M. Parramón. Der Raum ist vollgestellt mit Bildern, Büchern, Staffeleien, Paletten und Schreibmaschine. Wie bekannt, ist Parramón Verleger, Maler und Autor von mehr als dreißig Büchern, die in beinahe ein Dutzend Sprachen übersetzt wurden.
„Woran arbeiten Sie zur Zeit?"
„An einem Buch über die Farbe: ein höchst interessantes Thema, zu dem sich viel sagen läßt."
Wir reden über die Anhänger von Rubens und Poussin, über Valoristen und Koloristen und beginnen schließlich mit der Arbeit. Parramón wird ein Stilleben aus Früchten, Tellern, Vasen, Krügen und Hausgeräten malen, das sich in jeder Küche befindet. „Die Komposition eines Stillebens erfolgt nicht während des Malens, sondern bereits zu dem Zeitpunkt, wenn man die Elemente, die man malen möchte, auf einer bestimmten Fläche verteilt", sagt Parramón.
Obwohl sich Parramón heute auf Kompositionsprobleme konzentrieren möchte, hat er sich einige zusätzliche Schwierigkeiten gestellt: die Struktur des Materials, die bestimmte Behandlung der Oberfläche der einzelnen Materialien. Deshalb verwendet er völlig unterschiedliche Dinge: Kristall, Kupfer, verschiedene Früchte, Brot etc. Doch davon später.

Die Verteilung der Elemente
„Es gibt zahlreiche Möglichkeiten, die Elemente auf einer vorgegebenen Fläche zu verteilen", erklärte der Maler, während er seine Arbeit vorbereitet. Die Elemente sind noch nicht plaziert, sie stehen wahllos auf einem mit einem weißen Leinentuch bedeckten Tisch und werden immer wieder umgesetzt.
Normalerweise verteilt man die Elemente auf mehreren Ebenen hintereinander; sie können jedoch auch nebeneinander in einer Reihe oder auf einem Fries stehen, wie es bei dem bekannten klassischen Stilleben von Zurbarán aus dem Jahre 1633 der Fall ist – übrigens das einzige dieses andalusischen Künstlers.

22

23

24

Abb. 22: Professor José M. Parramón ist der Herausgeber dieses Schritt-für-Schritt-Lehrgangs. Er wird jetzt ein Stilleben malen und gleichzeitig die Bildkomposition erklären. „Das Stilleben eignet sich am besten zum Studium der künstlerischen Komposition" sagt er, „da der Malen die Zusammenstellung selber wählen und das Modell, seine Beleuchtung, die Lage und Verteilung der Elemente den Hintergrund und die Farben gründlich studieren kann.

Abb. 23: Parramóns Atelier mißt nur 4 × 5 qm und besitzt große Fenster, so daß er bei gutem Tageslicht arbeiten kann.

Abb. 24: Francisco de Zurbarán (1598-1664) *Stilleben*, Prado, Madrid. Bei der Behandlung des Stillebens und der künstlerischen Komposition darf dieses berühmte Werk des spanischen Malers nicht fehlen, der trotz Platons Regel, „Einheit in der Vielfalt" zu suchen, die Elemente seines Modells in einer Reihe nebeneinanderstellt und eine angenehme Komposition erhält.

Die Verteilung der Elemente

25

27

26

Abb. 25 bis 27: Hier einige Stilleben von José M. Parramón. Beachten Sie die entschlossene koloristische Malweise mit flachen Farben, ohne Licht und Schatten im Bild oben links. Dasselbe gilt in gewisser Weise für die Blumenvase (links) und den Auschnitt mit der Keramikvase und der Rose, die Parramón mit der Beleuchtung und der Farbgebung der Stilleben Cézannes malte.

Beleuchtung und Wahl des Themas

Das Licht
Die Beleuchtung ist ein wichtiger kompositorischer Faktor des Bildes.
Hier sehen wir die Elemente zum Beispiel bei Tageslicht. Es ist ein regnerischer Tag; das Licht kommt aus Nordost und fällt von hinten auf die Gegenstände. „Das Licht ist übermäßig hart, praktisch ein Gegenlicht", erklärt der Maler, der keine derart betonten Schatten wünscht. Parramón korrigiert daher die zu kräftigen Kontraste mit Hilfe einer einfachen Schwenklampe, deren Licht auf einen weißen Schirm fällt und auf das Modell zurückgeworfen wird. „Alles wirkt jetzt weicher, leuchtender . . . So kann ich mir eine lebhafte, koloristische Interpretation vorstellen."

Das Auswahlverfahren
Befassen wir uns nun mit den kompositorischen Problemen: die Auswahl der Elemente, die aus einem Auslese- oder Aussonderungsprozeß besteht.
Dabei löst man nach und nach die Ansammlung der Elemente auf und behält nur jene, die in dem Bild tatsächlich die Hauptrolle spielen sollen.
Während dieses gesamten Verfahrens bringt der Maler seine Vorstellungskraft ins Spiel. Er beginnt in Formen und Farben zu denken, komponiert sein Bild und erinnert sich dabei an Werke von Cézanne, van Gogh, Matisse . . .
Natürlich wird ein gebildeter Maler, ein Künstler, der im Laufe der Jahre eine große visuelle Bildung erworben hat und immer neugierig geblieben ist, manchmal unbewußt andere nachahmen. Er kopiert aus seinem eigenen Erfahrungsschatz Maler, die er besonders schätzt und die ihm während der Vorbereitung seines Bildes bewußt oder unbewußt in den Sinn gekommen sind.

28

Abb. 28 (oben): Vor Beginn des Malens wählt der Künstler die Elemente für sein Bild, stellt sie auf dem Tisch zusammen und untersucht die Beleuchtung. Parramón beschiließt, in diesem Fall die Kontraste eines Reflektionsschirms zu entschärfen, der von einer Schwenklampe angestrahlt wird.

29

30

Abb. 29, 30: Das Stilleben war ein bevorzugtes Thema von Paul Cézanne. Bestandteile dieser Werke sind im allgemeinen ein weißes Tischluch, ein Teller oder eine Schale mit verschiedenen Früchten, eine Flasche und ein Krug, der sich fast immer auf dem Goldenen Punkt befindet, von dem auf der folgenden Seite die Rede ist.

Die Komposition

Die Regel Platons

Komponieren heißt anordnen, kombinieren, „die Bildelemente so zu verteilen, daß ein angenehmes Ganzes entsteht."

Das Stilleben ist jenes Motiv, das vor und während des Malens vom Künstler am meisten beeinflußt werden kann. Deshalb eignet es sich am besten zum Erlernen der Komposition.

Schon van Gogh erklärte, daß man malen am leichtesten anhand eines Stillebens lernt, weil dieses im Atelier angefertigt wird, wo der Maler keine Zuschauer hat und ungestört arbeiten kann.

Gibt es Normen oder Regeln, um eine angenehme Komposition zu erzielen? Erinnern wir uns in diesem Zusammenhang an die alte Regel Platons:

Komponieren heißt Einheit in der Vielfalt oder Vielfalt in der Einheit zu suchen.

Ferner sei daran erinnert, daß die Überlagerung von Elementen – bei der jeder Bestandteil des Bildes leicht den hinter ihm liegenden verdeckt – fast immer zu einem guten Kompositionsergebnis führt, denn dies trägt zur Einheit bei.

Heute entscheidet sich der Maler für eine Komposition, deren Grundschema aus einem Dreieck besteht. Alle Bildelemente können also in eine ideale geometrische Figur eingeschlossen werden.

Auch mit den Falten des Tischtuchs, auf dem sein Modell steht, befaßt sich der Maler. Hier kann er ein wenig mogeln. So befestigt er zum Beispiel eine Falte mit Hilfe einer Reißzwecke auf dem Tisch.

31

32

Platons Kompositionsregel

Der griechische Philosoph Platon äußert in einer seiner Schriften eine konkrete Regel über die Komposition eines Bildes. Er sagt: *„Komponieren heißt, Einheit in der Vielfalt und Vielfalt in der Einheit zu suchen."*

33

31 A

32 A

33 A

Abb. 31, 32, 33: Beispiele für Platons Regel: Übermaß an Einheit (31A), Übermaß an Vielfalt (32A) und Einheit innerhalb der Vielfalt (33A).

Betrachten Sie die nebenstehenden Beispiele und die dazugehörigen Schemata. Abbildung 31 zeigt eine übermäßige Einheit, Abbildung 32 übermäßige Vielfalt und Abbildung 33 entspricht schließlich einer Komposition, die die Forderung von Einheit in der Vielfalt erfüllt.

Die Kunst der Komposition

Parramón weist darauf hin, daß die einzelnen Elemente „dokumentarisch" angeordnet werden müssen, also in einer Art und Weise, aus der klar hervorgeht, worum es sich handelt. Betrachten Sie zum Beispiel die Zitronen in der Obstschale auf Abbildung 36. Auf den ersten Blick ist die Frucht nicht zu erkennen. Legt man sie seitlich, wie Abbildung 37 zeigt, sind alle Zweifel behoben.

Endlich hat der Maler die Elemente ausgewählt, aus denen sein Motiv bestehen soll. Dabei hat er sich an Zurbaráns Komposition einer Nebeneinanderstellung gehalten, wenn auch mit Nuancen. Im unteren Teil seines Bildes entsteht eine flache Zone mit viel Raum. Das heißt, der Tisch mit dem weißen Tuch, auf dem die Elemente verteilt sind, soll einen großen Anteil am Bild haben.

Parramón stellt eine Kohleskizze des Motivs her. „Zeichenkohle ist sehr gut zum Skizzieren geeignet", stellt er fest. „Man

36

37

38

34

35

39

Abb. 36, 37: Bei der Verteilung der Bestandteile seines Stillebens hat der Künstler eine Lage gewählt, in der jedes Element klar erkennbar ist. Aus den Abbildungen geht hervor, daß die Zitrone von der Seite „dokumentarischer" dargestellt wird als von vorn.

Abb. 34, 35, 38, 39: Aus der Vorauswahl für die Komposition seines Stillebens wählt Parramón schließlich vier Elemente sowie eine Obstschale mit verschiedenen Früchten (Abb. 35). Anschließend fertigt er einige Skizzen mit Zeichenkohle an und hält sich dabei an die Regel des Goldenen Schnitts. „Ich möchte die fünf Elemente im oberen Drittel des Bildes plazieren und so die Bedeutung des Tischtuches als Kompositionselement herausstreichen", erklärt Parramón.

40

41

42

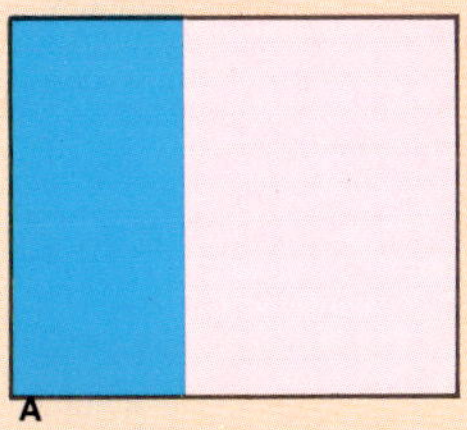

A

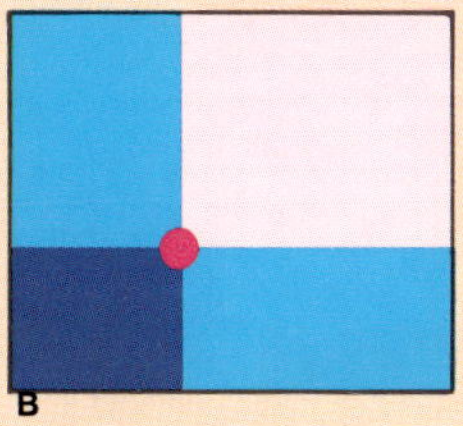

B

C

Das Gesetz des Goldenen Schnitts

Hier eine Regel, die man bei der Komposition eines Bildes berücksichtigen sollte: das Gesetz des Goldenen Schnitts des antiken römischen Architekten Vitruvius.

„Damit eine in unterschiedliche Abschnitte unterteilte Fläche angenehm und ästhetisch wirkt, muß zwischen der kleinsten und der größten Fläche dasselbe Verhältnis herrschen wie zwischen der großen und der Gesamtfläche."

Der arithmetische Ausdruck dieses Gesetzes ist 1,618. Um den goldenen Punkt einer Komposition zu finden, braucht man in der Praxis nur die Breite und Höhe der Leinwand mit 0,618 zu multiplizieren. Der Schnittpunkt der auf den ermittelten Punkten errichteten Geraden ergibt die Lage des Goldenen Punktes. Dieser kann, wie die Abbildung links zeigt, sowohl links, rechts, oben als auch unten im Bild liegen.

erhält damit ein intensives Schwarz und kann gleichzeitig verwischen, um mittlere Töne sowie Licht und Schatten anzulegen. Und alles mit außerordentlicher Schnelligkeit."

Bei der Anfertigung dieser Skizze hält sich Parramón an das berühmte Gesetz des Goldenen Schnitts, das – wie Ihnen bekannt – eine harmonische Aufteilung der Fläche ermöglicht. Dazu braucht man nur das kleinere Maß mit 1,618 zu multiplizieren, um das größere Maß zu erhalten. Das Verhältnis ist nicht genau ein Drittel zu zwei Drittel, sondern fünf zu acht. In seiner ersten Skizze (Abb. 39) hatte Parramón dies noch nicht genau berücksichtigt.

Von Zeit zu Zeit benutzt der Maler den Radiergummi, um Einzelheiten zu korrigieren. Er verwendet einen geschmeidigen Spezialgummi für Zeichenkohle, bei dem das Schwarz mit einem Strich entfernt wird.

Schließlich entscheidet sich Parramón für die Komposition seiner ersten Skizze. Sie ist modern und verwegen. Er übernimmt jedoch die veränderten Größen der Bildelemente aus der zweiten Skizze. Deshalb entfernt er die Flasche und ersetzt sie durch ein Glas. Außerdem rückt er die Zitrone näher heran, die etwas verloren dargelegen hat. Damit ist seine Komposition fertig: alle Elemente liegen im oberen Drittel des Bildes und füllen die Fläche praktisch restlos aus.

Abb. 40 bis 42: Wo befindet sich die ideale Lage des Hauptmotivs eines Bildes innerhalb einer vorgegebenen Fläche? Die seitliche Lage des gesamten Modells kann zu einem Übermaß an Vielfalt führen. (Abb. 40). Zentriert erhalten wir zuviel Einheit (Abb. 41). Nach der Regel des Goldenen Schnitts liegt das Modell an einer absolut ästhetischen Stelle (Abb. 42).

Erstes Stadium: Farbversuche

Parramón malt auf einer Leinwand Nr. 12 im Format Landschaft. Eigentlich bevorzugt er die Standardmaße „Porträt", weil sie breiter sind und seiner Vorstellung von einer Komposition näherkommen. „Aber ich habe keine derartige Leinwand zur Hand", erklärt er. Daher beschließt er, das Format zu verändern, und malt rechts einen schwarzen Streifen. Auf diese Weise entsteht aus dem Landschaftsformat ein viereckiges Sonderformat. Anschließend deckt Parramón zunächst einmal das Weiß der Leinwand ab und füllt die untere Fläche mit einem neutralen, stark mit Balsamterpentin verdünnten Grau, das aufgrund seines geringen Ockeranteils beinahe warm zu nennen ist.
Damit hat er bereits die unteren ⅝ seines Gemäldes abgedeckt und dazu einen sehr dicken Schweinsborstenpinsel Nr. 24 benutzt. Die Arbeit erfolgte nach Augenmaß, wobei Parramón sich auf seine Skizze stützte, aber auch häufig das Motiv betrachtete. Nun beginnt er, mit einem dunklen Grau die einzelnen Elemente des Stillebens zu skizzieren, und fügt sofort Farbe hinzu. So erhält er von Anfang an Volumen und Formen und nicht nur die Umrisse. Er malt von vornherein und bearbeitet alles gleichzeitig.
Mit Hilfe eines in Terpentin getauchten Lappens entfernt er eine Stelle, die ihm nicht gefällt, und übermalt sie sofort. Er arbeitet in diesem Vorstadium bereits mit zahlreichen Farben und vielen Mischungen; die Farben zeichnen sich schon ebenso ab wie die Formen.
Der Maler hat sich einige erhebliche Schwierigkeiten gestellt. Er möchte in einer gebrocheneren Farbskala arbeiten, als es der Wirklichkeit entspricht, und muß auf diese Weise Probleme wie die Ähnlichkeit des Gelbs von Bier und Zitrone lösen. Beide Töne sind sich sehr nahe, müssen sich jedoch deutlich voneinander unterscheiden. (Die Frucht enthält mehr Zitronengelb, das Bier mehr Kadmiumgelb.) Doch jede Farbe bleibt nur kurz in diesem Zustand; sie wird gleich darauf von einer anderen überdeckt. Wir befin-

43

44

45

46

den uns in einer ständigen Erprobungsphase.
Die wesentlichen Elemente des Bildes sind bereits skizziert: die einzelnen Gegenstände, die Waagerechte des Tischtuchs im oberen Abschnitt, die Senkrechte unten im Schatten. „Dies ist bereits ein Bild", erklärt Parramón und zitiert Ingres: „Ein echtes Bild ist in jedem Stadium fertig: als Skizze, inmitten der Arbeit und zum Abschluß, auch wenn es schwierig ist, den Endpunkt eines Bildes zu bestimmen." Und wie zur Bestätigung des Gesagten fügt Parramón einen Ausspruch von Picasso hinzu: „Ein ausgearbeitetes Bild ist ein totes Bild."

47

48

Abb. 43: Hier das Modell. Es besteht von links nach rechts aus einer Zitrone, einem Bierglas, einem Apfel, einem Kupfergefäß und einer Schale mit verschiedenen Früchten.

Abb. 44: Vor Beginn des Malens verändert Parramón das Format seiner Leinwand (Landschaft Nr. 12) mit Hilfe eines schwarzen Streifens auf der rechten Seite, so daß das Bild beinahe quadratisch wird.

Abb. 45, 46: Parramón malt zunächst die graue Fläche für das Tischtuch (Weiß, Schwarz und Ocker) mit einer stark mit Balsamterpentin verdünnten Farbe. Mit derselben Farbe zeichnet er auch die Formen.

Abb. 47, 48: Parramón unternimmt einen ersten Farbversuch, legt die Elemente endgültig an und stellt eine Synthese ohne die Wurfschatten her.

Zweites Stadium: Schatten und Volumen

Entgegen seiner Gewohnheit benutzt Parramón für dieses Bild auch Schwarz, genauer gesagt Elfenbeinschwarz. Er will ein neutrales Grau erhalten, ohne viel mischen zu müssen. Mit diesem Grau deutet Parramón die Wurfschatten der Elemente auf dem Tischtuch an.

Jetzt ist er unschlüssig. Er muß sich entscheiden, ob die oberen ⅜ weiß bleiben, also aus dem beleuchteten Tischtuch bestehen sollen, oder ob er lieber einen Hintergrund anlegt.

Parramón malt einen gelben Streifen an den oberen Rand der Leinwand, der den Hintergrund bilden soll. Zu diesem Zeitpunkt haben wir drei Streifen: das obere Gelb, das mittlere Grauweiß und das untere dunklere Grau.

Gleichzeitig hat der Maler die Gegenstände weiter in den Vordergrund gerückt. Sie erhalten nun mehr Relief, mehr Schatten und Volumen. In den Schatten des Apfels fügt Parramón als Komplementärfarbe des Rot ein Grün ein. In der Mischung mit der Grundfarbe Karmin an den beleuchteten Stellen entsteht so ein vibrierender Ton, der Parramón zufriedenstellt.

Von Zeit zu Zeit benutzt der Maler auch die Finger. „Es ist nicht gut, wenn man lange bei einem einzigen Element des Bildes verweilt und das Übrige vernachlässigt. Das ist mir bei dem Apfel passiert, und ich bedauere es jetzt.“

Der gelbe obere Streifen hat nicht lange Bestand. Parramón taucht einen Lappen in Terpentin und entfernt die Farbe wieder.

49

Abb. 49: Komposition und Farbe des Bildes nehmen in großen Zügen Gestalt an, und zwar alles gleichzeitig, wie Ingres es empfahl. „Auch dies Könnte je nach Auffassung bereits ein fertiges Bild sein“, sagt Parramón und fügt hinzu: „Vielleicht werde ich bedauern, daß ich das Bild nicht so gelassen habe, wenn ich den ersten Andruck, dieses Stadiums für das Buch sehe.“

Malen, verbessern, malen

Verbessern kann man immer

„Eine Verbesserung, um einen Irrtum zu korrigieren oder ein besseres Ergebnis zu erzielen, ist immer möglich“, erklärt Parramón, während er den Apfel noch einmal malt. Und bei Ölfarben ist es besonders einfach. Er malt (B), kratzt die Farbe ab oder entfernt sie mit einem Lappen (A), ist mit seinem Ergebnis dennoch nicht zufrieden (C), malt das Ganze mit den nebeneinanderliegenden Komplementärfarben Grün und Karmin noch einmal, kratzt und wischt wieder alles ab (A, B), bis er ein zufriedenstellendes Ergebnis erzielt hat (C).

Die Korrekturen können manchmal recht drastisch ausfallen. Auf den vorigen Abbildungen haben wir gesehen, wie Parramón das Format der Leinwand ändert (Abb. **44**, S. 20), indem er rechts einen Streifen malt, die Fläche beinahe zu einem Quadrat verringert. Später, wenn das Bild das vierte Stadium erreicht hat, erwägt der Maler die Möglichkeit, die Breite noch mehr zu reduzieren und links einen weiteren schwarzen Streifen zu malen, „als sähe man das Stilleben durch eine geöffnete Tür“, erklärt er. Doch unmittelbar darauf mißfällt ihm diese Idee, und er entfernt den schwarzen Streifen mit einem in Terpentin getauchten Lappen. „Ich habe keine Angst vor derartigen Korrekturen, erst recht nicht bei der Ölmalerei. Die Farbe ist deckend und trocknet nicht sofort auf; deshalb kann man damit besser als in jeder anderen Technik malen, verbessern und erneut malen.“

50

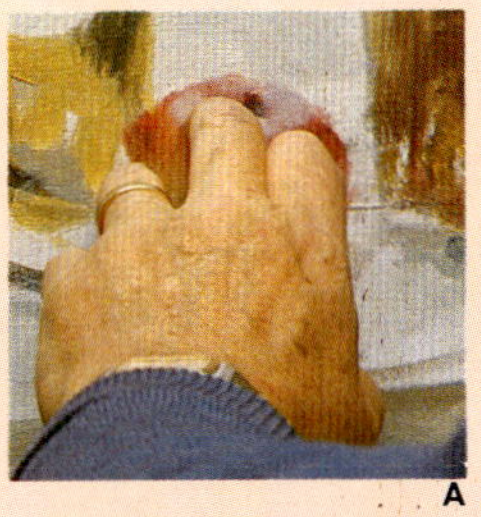

A

C

B

51

A

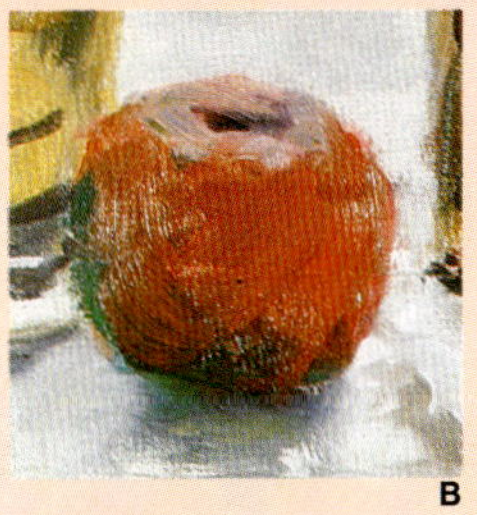

B

C

52

A

B

Drittes und viertes Stadium: Anlage der Strukturen

53

54

Parramón nimmt die Arbeit mit dem Apfel wieder auf und verleiht ihm Relief. Dabei vergißt er nicht, daß er die anderen Elemente ebenfalls überarbeiten muß. Doch die Farbe des Apfels überzeugt ihn nicht. Er nimmt einen Lappen, wischt einen Großteil der Farbe wieder ab.
„Malen bedeutet eine ständige Entdekkung", erklärt der Künstler. „Malen ist eine schöpferische Tätigkeit und gerade deshalb so vielfältig. Es gibt nichts Vielseitigeres als die Malerei. Höchstens noch das Musizieren."
Der Apfel hat beinahe wieder sein vorheriges Aussehen angenommen. Der Maler läßt ihn für den Augenblick beiseite, befaßt sich inzwischen mit dem zylindrischen Kupfergefäß und beschreibt dessen Schwierigkeiten:
„Es scheint einfacher zu sein, weil es nur um die Kupferfarbe geht. In Wirklichkeit benötigt man zur Lösung dieses Elementes zahlreiche, stark gemischte und gebrochene Farben."
Hier wechselt Parramón ständig zwischen mittleren und feinen Pinseln.
„Die Schwierigkeit dieses Gefäßes liegt nicht nur in seiner charakteristischen Farbe, sondern auch in den zahlreichen Spiegelungen der umliegenden Töne. Hier sind also drei Dinge zu berücksichtigen: der Eigenschatten, das Volumen und die Reflexe anderer Farben."
Nun reinigt der Maler seine Pinsel.

55

56

Abb. 53 bis 56: Diese vier Abbildungen zeigen Schritt für Schritt die Entwicklung des Kupfergefäßes, wie es der ursprünglichen Absicht zu Beginn der Arbeit entsprach (Abb. 53); hinzugekommen sind Farben und Reflexe, noch ohne gründliches Studium des Modells (Abb. 54, 55); hier das Endergebnis nach langem und ausgiebigem Studium des Modells (Abb. 56). „Ich vertraue nach einem ersten Farbversuch auf meine Improvisationsgabe und betrachte das Modell, ohne seine Farben und Formen wirklich zu analysieren", erklärt Parramón.

Kupfer, Kristall, Leinwand, Früchte . . .

57

Jetzt befaßt sich Parramón mit der Obstschale und den Früchten. Anschließend kommt er noch einmal auf den Apfel zurück. Der Apfel verändert ständig seine Farbe, seinen Tonwert und seine Stärke im Verhältnis zum übrigen Bild. Der Maler scheint von diesem Apfel geradezu besessen zu sein.

Nun wendet er sich dem Bierglas zu. Während es Relief erhält, nimmt interessanterweise auch das Kupfergefäß Struktur an, und die Flächen dazwischen werden ausdrucksstärker. „Kristall ist sehr dankbar zu malen“ sagt Parramón, während er erneut zu dem Apfel zurückkehrt. Er stellt ihn immer noch nicht zufrieden. Zu diesem Zeitpunkt ist der gesamte obere Bildabschnitt mit dem eigentlichen Stilleben in Arbeit.

Die unteren fünf Achtel, das senkrechte Tischtuch, bleiben wie zu Beginn. Der Maler hat diesen Teil bisher kein einziges Mal angerührt.

Abb. 57: Das Bild schreitet fort, doch ist das Tischtuch noch nicht gelöst. Das Kupfergefäß entspricht noch nicht seinem Material, der Apfel und das Glas, ja das ganze Bild befindet sich in einem Zwischenstadium, in dem die Formen der Elemente bereits mit Strichen und Einzelheiten angelegt sind.

Fünftes und letztes Stadium: Tischtuch und Abschlußarbeiten

Abb. 58: Zu diesem vorletzten Stadium sagt Parramón: „Man sollte nicht zu lange bei einem Teil des Bildes verweilen und den Rest darüber vergessen. Besser ist es, eine Fläche zu malen, sie ruhen zu lassen, seine Aufmerksamkeit einer anderen Stelle zuzuwenden und anschließend gelöst und entschlußfreudig darauf zurückzukommen." Genau das hat Parramón in diesem Stadium getan. Er hat den oberen Teil ruhen lassen, sich dem Tischtuch zugewandt und dessen Struktur, Falten und Formen gezeichnet und gemalt.

58

Endlich beginnt Parramón mit dem unteren Teil des Bildes, also dem senkrecht herabhängenden Tischtuch, auf dem sich sein Stilleben befindet. Hier arbeitet er fröhlich, rasch und sicher.

Trotz der offensichtlichen Mühelosigkeit ist die Wirkung des fertigen Tischtuchs bemerkenswert: Es erhält Relief und trägt zur Gesamtwirkung bei. Einige Falten und ein einfaches Spiel der Grautöne haben genügt, um das Bild zu strukturieren.

Das Spiel der Grautöne besteht aus einem dunklen, einem mittleren und einem beinahe weißen Grau. Mit diesen drei Tonwerten lassen sich die Falten des Tischtuchs ausarbeiten. Wichtig ist, daß man nicht nur ein einziges Grau für den Untergrund verwendet. Es muß nuanciert werden, und jeder Abschnitt erhält seinen bestimmten Wert, seine eigene Farbe. Kurz gesagt: Es handelt sich um ein reiches Grau mit zahlreichen Schattierungen ausschließlich aus den hellen, mittleren und dunklen Tonwerten.

„Morgen oder übermorgen werde ich entscheiden, ob noch etwas verändert werden muß."

Zwei Tage später setzt sich Parramón erneut vor sein Bild, immer noch mit dem Modell auf dem Tisch vor Augen. Er betrachtet sein Werk, schaut auf das Modell, blickt noch einmal auf das Bild und das Modell . . . Endlich sagt er: „Der weiße Hintergrund gefällt mir nicht", malt rasch einen elfenbeinfarbigen Streifen und signiert sein Werk.

59

Abb. 59: Ihnen ist vermutlich bekannt, daß zahlreiche Künstler zwei oder drei Bilder gleichzeitig in Arbeit haben und je nach Lust und äußeren Umständen – klarer oder bedeckter Tag etc. – an dem einen oder anderen weitermalen. Das ist eine gute Arbeitsweise, denn während der Ruhepause des jeweiligen Bildes reift das Endergebnis heran. Tizian stellte deshalb seine halbfertigen Bilder stunden- oder tagelang mit der Vorderseite zur Wand, um sie anschließend besser beurteilen zu können. Parramón sagt zu dieser Idee: „Zwischen dem vorigen und diesem Stadium vergingen 24 Stunden. Das hat in gewisser Weise genügt, um das Bild aus meinem Gedächtnis zu streichen. Deshalb kann ich es jetzt besser beurteilen und die Farben und Formen des Apfels, des Kupfergefäßes und des Bierglases entschlossen beenden. Ich erkenne, daß im Hintergrund ein Streifen fehlt, der das Tischtuch begrenzen muß. Ein Bild sollte reifen!" ruft er aus. „Es reift niemals genug, um vollkommen zu werden."

Gemälde, Grafiken und Wandteppiche

60

61

Abb. 60: Mercè Diogène wurde in Frankreich geboren und verbrachte ihre Kindheit in Barcelona. Ihr Abitur legte sie jedoch in Marseille ab. Sie besitzt eine solide künstlerische Ausbildung, stellt auch Grafiken und Wandteppiche her und verbreitet den Eindruck einer wirklichen, universellen Künstlerin.

62

Abb. 62: Das Atelier der Künstlerin befindet sich im oberen Stockwerk ihres eigenen umgebauten alten Hauses. Das Licht fällt durch weite Fenster herein. Für dieses Stilleben stellt die Malerin ihre Staffelei so, daß das Licht wie üblich von links fällt.

Mercè Diogènes Atelier befindet sich in ihrem Haus, an einem Hang in einem Wohnviertel nahe der Großstadt. Es ist ein altes, renoviertes, sehr gemütliches Haus. Ganz in der Nähe steht ein weiteres kleines Gebäude, in dem die Webstühle der Künstlerin untergebracht sind, denn Mercè Diogène ist nicht nur Malerin und Grafikerin, sondern sie stellt auch Wandteppiche her.

Mercè Diogène wurde 1922 in Perpignan, Frankreich, geboren, lebt seit ihrer Kindheit jedoch in Barcelona. Ihr Abitur legte sie allerdings in Marseille ab. Sie war Schülerin des katalanischen Impressionisten Paul Roig.

Die Malerin ist Mitglied des „Mérite Artistique Européen" und erhielt 1982 einen Ehrenpreis des Salon du Val d'Or. Ihre Werke befinden sich in mehreren europäischen Ländern, in Amerika und selbst in Japan.

1985 stellte sie für eine Sendestation von Radio Barcelona einen Teppich von 51 qm und einer Tonne Gewicht her.

Das Atelier der Künstlerin liegt ganz oben im Haus. Es ist an allen vier Seiten offen und von Grün umgeben.

Mercè Diogène malt in sehr unterschiedlichen Größen. Die Formate der Bilder für eine Ausstellung, die sie gerade vorbereitet und die noch in ihrem Atelier stehen, reichen von dem Seestück Nr. 4 bis Seestück Nr. 120

Obwohl Mercè Diogène ein Stilleben für uns malen will, arbeitet sie auf dem Format Nr. 25, Landschaft.

Die Elemente und ihre Verteilung

Mercè Diogène fertigt zahlreiche Skizzen sowohl in schwarzweiß als auch in Farbe an. Häufig dienen ihr solche Skizzen als Grundlage für ein Bild, bei anderer Gelegenheit malt sie auch frei oder aus dem Gedächtnis. Oder, wie heute, mit einem Modell vor Augen.

Sie wissen bereits, daß die Arbeit beim Malen nach einem Modell lange vor der Aufnahme des Pinsels beginnt. Bei einem Stilleben wählt man zunächst seine Elemente und stellt sie zusammen. „Dabei geht es nicht nur um die Komposition", sagt die Malerin, „sondern auch um die Wahl der Farbskala und die Harmonisierung."

Mercè Diogènes koloristisches Werk

63

64

65

Abb. 63 bis 65: In der Regel läßt sich sagen, daß zwischen der Malweise eines Bildes und dem Endergebnis eine enge Beziehung besteht. Der Stil der Diogène erinnert an den Pointillismus, den einige Impressionisten wie van Gogh und Degas pflegten und den die Neoimpressionisten Georges Seurat und Paul Signac weiterentwickelten. Dadurch entsteht in ihren Bildern eine wahre Farbenexplosion. Dies ist eine koloristische Malweise, bei der die Formen keine Schatten besitzen und ausschließlich durch lebhafte, nebeneinandergestellte Farben ausgedrückt werden, die – aus einem gewissen Abstand betrachtet – aufgrund der optischen Mischung, die Seurat entdeckte, eine neue Farbe entstehen lassen. Ein weiterer Beweis dafür, daß die Form in ihrer ganzen Fülle durch die Farbe entstehen kann.

Harmonisierung der Farben während der Themenwahl

66

Mercè Diogène will ein Stilleben malen, daß sie selbst als romantisch bezeichnet. Sie würde es, falls nötig, in Anlehnung auf den Fächer vorn links „L'Eventail" nennen.

Das Modell besteht ferner aus einem pseudo-modernen Obstständer und einer schlichten zylindrischen Kristallvase, denn die Malerin wünscht sich hier ein Element, das keinerlei Krümmung aufweist.

Die kleine Dose ist aus Sèvres-Porzellan und in dem charakteristischen Sèvres-Blau, das dem Ultramarin ähnlich ist. In der Vase befinden sich Winterhortensien, Narzissen, die als letzte im Winter blühen, und gelbe Forsythien, die ersten Frühlingsblumen. Der moderne Obstständer besteht aus einer Waage mit zwei Tellern, deren rechter niedriger liegt als der linke.

Auf dem rechten Teller befinden sich zwei Orangen und eine Zitrone, auf dem linken einige kleine Mandarinen. „Beinahe chinesische Orangen", erklärt die Malerin. Zwischen dem Obstständer und der Sèvres-Dose liegen zwei Äpfel.

Alle Elemente der Komposition sind auf einem typisch arabischen Tablett-Tisch verteilt. „Es handelt sich um einen marokkanischen Tisch", erzählt die Malerin. „Er stammt von einem meiner ersten Professoren, Josep Basté, der ein großer Zeichner und guter Restaurator war. Man lernt viel durch das Restaurieren von Bildern."

Wie Sie selbst feststellen werden, kann die Malerin bereits vor dem ersten Pinselstrich drei Faktoren zu ihren Gunsten verbuchen, die ein gutes Stilleben ergeben: ausgesprochen schöne Bildelemente, einen exquisiten Geschmack bei deren Verteilung und eine kluge, fröhliche Farbenharmonie, in einer warmen Skala, die sich auf die Komplementärfarben stützt (Blau/Orange, Gelb/Violett). Nachdem die Elemente verteilt sind, ist die Malerin einen Moment lang unschlüssig, aus welchem Winkel sie arbeiten soll. Endlich stellt sie das Motiv links von der Leinwand, wie Abbildung 61 auf Seite 28 zeigt. Dabei hat das von links durch das Fenster einfallende Licht den Ausschlag gegeben.

Mercè Diogènes Palette

„Hinsichtlich der Verteilung der Farben auf der Palette bin ich sehr konservativ. Die klassische Aufteilung hat viele Vorteile, da ich auf diese Weise jede Farbe an ihrem entsprechenden Platz finde, oh-

Abb. 66: Dieses Modell des Stillebens hat Mercè Diogène nicht nur wegen der Verteilung der Elemente, sondern auch wegen seiner Struktur, seiner ureigenen Schönheit und seiner Farbtendenz (warm, kalt oder gebrochen) gewählt.

Abb. 67: Die klassische Verteilung der Farben auf der Palette, die von links nach rechts und von kalten zu warmen Farben verläuft, ist sehr praktisch, da man zu jedem Zeitpunkt den gewünschten Ton findet, ohne den Blick von der Leinwand nehmen zu müssen.

ne lange suchen zu müssen. Ein bißchen wie die Maschinenschreiberin, die nicht auf die Tasten zu schauen braucht."
Auf ihrer Palette befinden sich von links nach rechts:

Veronese grüne Erde
Chromoxid feurig
Saftgrün
Elfenbeinschwarz
Ultramarin dunkel
Ultramarin hell
Kobaltblau hell
Robinlack hell
Krappkarmin dunkel
Zinnober
Kadmiumrot
Lichter Ocker oder Indischgelb
Kadmiumgelb hell
Kadmiumgelb dunkel
Zitronengelb
Weiß

Die Malerin weist auf folgende Besonderheiten hin: Sie setzt gern fünf oder sechs Grün ab, sowie Ocker und Indischgelb, das beinahe ebensoviel Gelbpigmente enthält wie das reine Gelb, aber nicht so aggressiv ist. Siena und Umbra verwendet sie dagegen nicht.
„Auch Preußischblau benutze ich wenig. Es ist sehr kalt und außerdem übermäßig dominierend. Benötige ich tatsächlich ein derartiges Blau, fügte ich etwas Gelb zu Kobaltblau, doch ohne den Grünstich von Preußischblau zu erhalten."
Mercè Diogène skizziert nun die großen Linien des Modells mit einer gelblichen Mischung. Unmittelbar darauf verwendet sie zuerst ein helles Violett, dann Blau und Grün . . . Das heißt, sie skizziert die Umrisse der Bildelemente in ihrer entsprechenden Farbe. Es handelt sich gewissermaßen um eine Farbzeichnung, bei der jedes Element als Umriß vorhanden ist. Sie ähnelt Kinderzeichnungen oder manchen Wachsskizzen von Picasso.

68

„Bevor ich zu malen beginne, arbeitete ich das Bild gedanklich aus", sagt die Künstlerin. „Manchmal fertige ich auch rasche kleine Entwürfe davon an."
Allerdings fügt sie hinzu, daß sie diese Entwürfe beim Malen nicht als Vorlage verwendet, sondern sich ausschließlich an die Vorstellung hält, die sich in ihrem Kopf gebildet hat.

Abb. 68: Mercè Diogène betrachtet wie alle Koloristen ihr Stilleben als eine Folge von Farbflecken, die für Volumen sorgen und die Gegenstände voneinander trennen. Sie beginnt, wie immer, auf einer Leinwand mit Spezialgrundierung und zeichnet mit dem Pinsel eine Farbskizze, die bereits die Töne des fertigen Bildes enthält und die gesamte Leinwand ausfüllt.

Erstes Stadium: Farbumrisse

Die Künstlerin verwendet kaum Balsamterpentin, sondern malt mit dickem Impasto. Sie benutzt abwechselnd sowohl flache Schweinsborstenpinsel als auch solche in der Katzenzungenfaçon, als handelte es sich um Bleistifte. Sie malt mit dicker Farbe, aber mit kaum gefülltem Pinsel, so daß er nicht über die Leinwand gleitet, sondern kratzt.

Im Augenblick bezeichnen die Striche noch nicht die Formen, sie begrenzen sie nur. Doch die Harmonisierung zeichnet sich bereits ab, denn die Malerin wechselt nicht nur ständig die Pinselstärke, sondern ebenfalls die Farben.

Ihre Palette liegt, wie die Abbildung zeigt, auf einem Hocker neben der Staffelei. Sie nimmt sie nach eigenen Worten nicht in die Hand, weil sie sonst ihren ganzen Arbeitskittel verschmutzen würde. „Bis auf die Haut", fügt sie lächelnd hinzu.

Bereits in diesem Stadium ist nicht nur die Schule der Impressionisten zu erkennen, sondern auch die Fröhlichkeit und die scheinbare Unbekümmertheit eines Dufy oder Matisse.

Nun fügt Mercè Diogène das Sèvres-Blau der Porzellan-Dose hinzu, doch ebenfalls nur als Umriß.

Manchmal besteht eine seltsame Beziehung zwischen der Ausführungsart eines Bildes und dem endgültigen Aussehen des Werkes. Mercè Diogènes Bilder sind heiter, und heiter wirkt die Malerin auch bei der Arbeit. Sie scheint das Malen richtig zu genießen. Nach und nach tauchen immer dichtere Schichten auf. Manche Dinge – genauer gesagt die beiden Äpfel – werden mit Farbe ausgefüllt. Die Malerin ergänzt je nach Bedarf Farbe auf ihrer Palette, insbesondere das Weiß, das sie großzügig verwendet.

Zum Abschluß dieses Stadiums erkennen wir, daß der untere Bereich des Bildes mit Ausnahme der rechten Ecke ausreichend mit unterschiedlichen Farben ausgefüllt ist. Das obere Drittel ist dagegen unangetastet geblieben.

69

70

71

72

73

Abb. 69 bis 72: In diesem Stadium des Stillebens begrenzt Mercè Diogène die Formen und benutzt dazu verschiedene Pinsel, die sie ständig wechselt und je nach Strich anders hält: Herkömmlich zum Ziehen großer Linien für die Formen des Stillebens und mit dem innenliegenden Stiel für Striche, die aus einem gewissen Abstand gemalt werden müssen. Die Malerin benutzt auch einen kurzen Pinsel ohne Spitze, mit dem sie Flecken, Töne und Striche anlegt.

Abb. 73: Mercè Diogène hält ihre Palette nicht in der linken Hand, sondern legt sie auf einen Hocker neben die Staffelei.

Zweites Stadium: Reibende Pinselstriche

74

75

76

Abb. 74 bis 76: Die Künstlerin zeichnet weiterhin mit weichen, sichtbar unbekümmerten Strichen und verleiht den Elementen des Stillebens bereits Volumen – allerdings nur denen in der unteren Bildmitte.

„Ich skizziere, zeichne und male unablässig. Ich besitze außerordentlich viele Blocks voller Skizzen mit Chinatusche oder Wachskreiden von Neocolor, mit denen ich an jedem Ort Farbnotizen machen kann. Skizzenblocks lassen sich leicht in der Handtasche mitführen. Ich skizziere ebenfalls mit Kugelschreiber. Manche Skizzen führen zu nichts, sie bleiben für immer Skizzen. Andere bilden zu irgendeinem Zeitpunkt die Grundlage für ein Gemälde. Ich fertige auch Aquarellskizzen an, denn die Wachskreiden von Neocolor sind bekanntlich wasservermalbar.

Drittes Stadium: Farbenexplosion

Nun folgt eine heitere unbeschwerte Arbeit. Alles wird mit Farbe ausgefüllt, doch scheint das Weiß überall durch. Einer der Pinsel, die Mercè Diogène verwendet, ist kurz und praktisch zylindrisch.
Die gesamte Palette der Künstlerin ist bereits mit unterschiedlichen Mischungen gefüllt, wobei manche mehrfach bestehen. Mercè Diogène hält keinen besonderen Platz für bestimmte Mischungen frei; sie wählt ihn ganz nach Bedarf.
Das gesamte Bild gleicht einer Farbenexplosion. „Man muß alles gleichzeitig bearbeiten und stets das Bild als Ganzes betrachten. Man darf sich nicht auf kleine Flächen konzentrieren, weil man dann leicht den Überblick verliert." Im Bild ist in der Tat ein geschlossenes Ganzes und nicht etwa der Entwurf für ein Werk.
Die Künstlerin bereitet ihren Malgrund immer selbst vor und verwendet dafür eine von ihr persönlich hergestellte Spezialgrundierung, die ihr alle gewünschten künstlerischen Merkmale ermöglicht. Sie arbeitet stets auf Leinen und benutzt niemals industriell gefertigte Keilrahmen.
Nun legt Mercè Diogène einige weitere dickere Pinselstriche an. Bisher hat der Pinsel nur über die Leinwand gerieben. Jetzt füllt sie den Haarkörper mit mehr Farbe, ohne jedoch gleich zu klecksen.
„Ich benutze ausschließlich Schweinsbor-

77

78

Abb. 77, 78: Mercè Diogène ist sich darüber klar, daß die Unterweisungen an den Kunstakademien über die drei Primärfarben der Ölmalerei (Gelb, Purpur und Blau) nur eine minimale Grundlage zur Einführung in die höchst interessante Welt der Farben und ihrer Mischungen darstellt. Sie selbst probiert und experimentiert ständig. Auf dem unteren Foto (Abb. 78) verwendet sie einen kurzen, dicken Pinsel und bearbeitet alles gleichzeitig.

Abb. 79: Mercè Diogène hat die gesamte Leinwand mit Farbe abgedeckt. In diesem Stadium hat sie das ganze Bild gleichzeitig bearbeitet und wird in der kommenden Phase die tonalen Werte der einzelnen Zonen anlegen.

79

Viertes Stadium: Aufbau mit Farben

stenpinsel. Rotmarderpinsel sind mir zu weich. Ich benötige harte Pinsel, die beinahe wie Farbstäbchen über die Leinwand fahren und nicht so geschmeidig sind. Ich reibe gern auf dem Malgrund, ähnlich wie bei den ‚Frottis'." (frotter frz.: reiben. Eine Technik, bei der der Pinsel nur leicht mit dicker Farbe gefüllt und über eine bereits gemalte trockene Fläche geführt wird.)
Während sie die Mandarinen mit dem Orange für die Apfelsinen malt, erzählt die Künstlerin, daß sie ihre Modelle niemals besonders beleuchtet. Sie bevorzugt das Licht, das während des Malvorgangs gerade herrscht.
Mercè Diogène verwendet die Farben, wie sie aus der Tube kommen. Terpentin benutzt sie nur zum Reinigen der Pinsel, die sie ständig wechselt: mal sind es feine, mal dickere. Von Zeit zu Zeit setzt sie mit den feinsten Pinseln hier und dort kleine Punkte auf die Leinwand, ohne lange an derselben Stelle zu verweilen.
Zwar malt sie ein Ölgemälde, doch es ist derart leicht, daß man es ebenso für ein Aquarell, ein Werk mit Wachskreiden oder Farbstiften halten könnte. Sie arbeitet mit lebhaften, reinen Farben ohne Schatten. Reine Farben bedeutet natürlich nicht, daß keine Mischungen vorhanden sind. Allerdings lehnt die Malerin gebrochene Farben ab. Erinnern Sie sich, daß Mercè Diogènes Palette weder Siena noch Umbra enthält?
Beachten Sie, daß die Künstlerin die Farbenharmonie in den Komplementärfarben des Modells durch den hellvioletten Untergrund hinter den gelben Forsythien unterstreicht. Auch der Kontrast zwischen dem komplementären Sèvres-Blau und dem Orange der Apfelsinen und Mandarinen wurde betont.
„Selbst wenn ich einen imaginären Untergrund darstellen will, kann mir der reale Hintergrund (ein Bild der Künstlerin, das hinter dem Modell hängt) helfen, denn er bedeutet einen Anhaltspunkt für die Farbe", erklärt die Malerin.

80

81

Abb. 80, 81: Mercè Diogène hat den Pinsel stärker mit Farbe gefüllt. Sie reibt nicht mehr über die Leinwand, sondern malt die Volumen aus und verleiht ihnen mit Farbschichten und Farbkontrasten die Form.

Fünftes Stadium: Verschmutzungsgefahr bei feuchten Farben

„Weiß fördert die Vibration der Farben", erklärt die Künstlerin. Dabei handelt es sich im Gegensatz zum Aquarell nicht immer um das Weiß der Leinwand. Manchmal übermalt Mercè Diogène eine zuvor weiß gebliebene Fläche mit weißer Farbe. Auf diese Weise unterstreicht sie die Tatsache, daß die Farben – einschließlich Weiß – die Formen aufbauen.

Bis jetzt hat die Malerin stehend gearbeitet, nun setzt sie sich. Wir unterhalten uns über Munch, denn auf ihrem Tisch liegt ein Ausstellungskatalog dieses Künstlers.

„Ich könnte nicht die tägliche Dramatik der Welt in meine Bilder aufnehmen. Darunter würde ich viel zu sehr leiden. Meine Malerei ist in gewissem Sinne eine Flucht vor der Wirklichkeit und der Härte des heutigen Alltags."

Mercè Diogène bearbeitet mit viel Weiß und Blau den Silberständer mit den beiden Obsttellern (in Wirklichkeit ist er vesilbert).

Obwohl sie sehr frei arbeitet – aber nicht nach der eigenen Vorstellung! –, blickt die Künstlerin immer wieder zum Modell hinüber. Ihre Malweise ist rasch, aber keinesfalls übereilt, und sie wechselt quasi automatisch zwischen dem Anlegen der Farbtupfer und dem raschen Blick auf das Modell. Dieses soll zwar nicht reproduziert werden, dient der Malerin jedoch als ständige Quelle der Inspiration.

Das ganze Bild der Diogène besteht aus Licht. Das bedeutet jedoch nicht, daß sie den Schatten außer acht läßt. „Unterhalb der weißen Blüten will ich einen Schatten anlegen, um dieses Weiß hervorzuheben", sagt die Künstlerin. „Das tue ich allerdings erst, nachdem die Farbe getrocknet ist.

In diesem Stadium muß ich besonders aufpassen, daß mein Bild nicht verschmutzt. Diese Gefahr besteht, solange es noch feucht ist. Nach dem Trocknen der Farbschicht bereitet diese Art von Tupfern keine Probleme mehr."

Der Arbeitsrhythmus ist jetzt gemessener, die Pinselstriche werden dicker und bauen bereits eindeutige Volumen auf, zum

82

Abb. 82: Paul Signac, *Einfahrt zum Hafen von Marseille.*

Der Pointillismus der Diogène

In den letzten Jahrzehnten des vergangenen Jahrhunderts entwickelte Georges Seurat unter dem Einfluß von Chevreuls Farbentheorie, die Theorie des Pointillismus, der den Neoimpressionismus maßgebend beeinflußte. Die pointillistische Technik besteht darin, daß man zahlreiche Punkte unterschiedlicher Farben nebeneinanderstellt, die – aus einem gewissen Abstand betrachtet – aufgrund der optischen Mischung eine neue Farbe entstehen lassen. (Beispiel: gelbe und blaue Punkte ergeben zusammen Grün.) Der Stil von Mercè Diogène erinnert an die Theorie Seurats und dessen Nachfolger Signac, Lucce und so bekannte Maler wie van Gogh, Toulouse-Lautrec, Gauguin und Matisse.

Beispiel die kugelförmigen Orangen und Mandarinen, für die abwechselnd Zinnober und Karmin sowie Gelbtöne benötigt werden; für die gelbe Zitrone auch Kadmiumgelb und zahlreiche weiße Tupfer. Das Bild wird zwar durch Farben aufgebaut, ist aber nicht völlig flach. „Sobald es trocken ist, steigere ich das Gefühl von Volumen noch ein wenig. Im Moment gerate ich dabei noch in die Graufalle."
Sie verwischt den Hintergrund an den Begrenzungen zu den einzelnen Elementen mit wenigen Pinselstrichen – in diesem Fall hinter die Orange –, damit die Umrisse nicht zu hart erscheinen und die Frucht nicht abgeschnitten wirkt. Die Obstteller aus Opalglas sehen wie beleuchtete Flächen aus und heben sich sowohl vom Hintergrund als auch von den daraufliegenden Früchten ab. „Bei den Äpfeln verändere ich die Farbe und stelle sie grüner dar, als sie in Wirklichkeit sind, denn die Dominante Gelb ist im Bild ausreichend vorhanden. Gelbe Äpfel wären mir hier zu blaß. Auch Rot kommt nicht in Frage, denn dieses befindet sich bereits in den Orangen und Mandarinen. Grün bildet dagegen einen Kontrast, der eine zu große Monotonie verhindert."
Nachdem sie dieses Stadium erreicht hat, läßt die Malerin das Bild ruhen und wird die letzten Pinselstriche erst in ein paar Tagen anlegen, wenn die Farbschicht getrocknet ist.

83

84

Abb. 83, 84: Die Prima-Technik erfordert eine besondere Praxis und Vorbereitung. Angesichts der feuchten Farbe muß man dafür sorgen, daß man die untere Schicht nicht mitzieht. Es wäre gefährlich, wenn sich die neue Farbe mit der vorigen mischte. Mercè Diogène gleitet mit weichen Pinselstrichen über das Bild. Sie hebt das Relief hervor und verwischt gleichzeitig den Hintergrund der Früchte.

Sechstes und letztes Stadium: Auf trockener Farbschicht

Betrachten Sie jetzt die Veränderungen, die Mercè Diogène auf der getrockneten Farbschicht anbringt und die zu dem endgültigen Stadium ihres Bildes führen.
Zunächst der Hintergrund: Einstweilen scheint er ausreichend „gefüllt“ zu sein. Trotzdem erkennen Sie in der rechten oberen Ecke einige kurze, energisch dunkelgraue, beinahe schwarze Pinselstriche, die dafür sorgen, daß sich die gelben Forythienzweige vom Untergrund abheben.
Im mittleren Abschnitt dieses Straußes taucht nun eine hellgrüne Zone auf, die ihm Festigkeit und Konsistenz verleiht. Die weißen Blumen weiter unten erhalten ein größeres Gewicht, und die Hortensien gewinnen aufgrund des Grüns der Blätter mehr Bedeutung. Die Vase ist stärker gezeichnet, so daß sich der Strauß in einer festen Form befindet.
Orangen, Mandarinen und Äpfel haben an Volumen gewonnen, sie sind runder und farblich kompakter geworden. Sie haben die Unschärfe verloren und heben sich daher besser ab. Das gilt insbesondere für die Orangen und Mandarinen, die sich auf dem Opalglas befinden. Hier ist viel Weiß hinzugekommen, und die Teller sind heller geworden.
Ganz unten rechts, unter den Mandarinen, ist das erdige Violett und Gelb durch eine Blaugrauskala ersetzt worden, die für Gleichgewicht sorgt und diesem Teil Kraft verleiht.
Auch der Fächer unterliegt leichten, aber spürbaren Veränderungen: das Rot wird durch Violett ersetzt, das Gelb wird verstärkt. Die Sèvres-Porzellandose ist dagegen geblieben, wie sie war.
Zusammengefaßt: Mit ihren wenigen, aber präzisen Abschlußarbeiten auf der getrockneten Farbschicht hat Mercè Diogène dem Bild Festigkeit und Ausdruckskraft verliehen, ohne daß es seine duftige Leichtigkeit verliert, die alle so bezaubert.

85

86

87

88

Abb. 85 bis 89: Nach ein paar Tagen befaßt sich die Künstlerin erneut mit der Leinwand, die inzwischen getrocknet ist, und fügt Details und Veränderungen ein. Bei noch feuchter Farbschicht hätte die Gefahr bestanden, daß die vorigen Farben verschmutzen. Es sei darauf hingewiesen, daß das Stilleben nichts von der Frische und Spontaneität der vorigen Sitzung verloren hat. Die Künstlerin korrigiert nun den Hintergrund, denn die gelben Blüten im oberen Drittel heben sich nicht genügend von dem Violett ab. Darüber hinaus gewinnen die malvenfarbigen Blüten in der Vase durch die Betonung des Grüns der Blätter als visuelles Zentrum an Bedeutung. Der dunkle Fuß des Obstständers und die helleren Teller haben den Früchten Glanz verliehen, während der Fächer ein verändertes Rot als Dominante erhielt.

89

Blaues Stilleben

90

Rafael Durán wurde 1931 geboren. Sein Werk befindet sich in Los Angeles, und er hat Preise in Paris gewonnen. Uns interessiert hier und heute sein Bild „Stilleben mit Blumen und Früchten", das vom Königlichen Kunstverein Barcelona ausgezeichnet wurde. Denn ein solches Stillleben mit Blumen und Früchten wird Durán ebenfalls vor unseren Augen malen.
Schon zu Beginn deutet Durán an, daß seine Malweise grundsätzlich vom Thema bestimmt wird. „Manche Maler beginnen mit einer Zeichnung, andere malen sofort mit Farbe. Ich verwende beide Möglichkeiten, je nachdem, was das Modell erfordert."
Das Atelier des Künstlers besteht aus einem ziemlich geräumigen, nach Nordosten gerichteten Raum. Durch die Scheibengardinen fällt gedämpftes Licht.

Die Farbfrage

Bei der Farbgebung läßt sich der Künstler nach eigenen Angaben vom Motiv leiten, auch wenn er eine Vorliebe für Blau besitzt, das in seinen Werken vorherrscht.
Die Farbe des Hintergrunds richtet sich fast immer nach den Bestandteilen des Stillebens. In unserem Fall ist der tatsächliche Hintergrund weiß: Es handelt sich um eine unbenutzte Leinwand, die er hinter das Motiv gestellt hat. Auch das Modell steht auf Weiß, nämlich auf der graudurchzogenen Marmorplatte einer alten Komode.
Das Modell besteht aus Blumen, die die Ehefrau des Malers mitgebracht hat, weiteren Blumen in einem Blumentopf, drei Birnen, drei Zitronen und einem Apfel. Wir haben also zwei Blumengefäße in der Mitte, Blumen im oberen Abschnitt und Früchte im unteren Bereich.
Der Maler stellt seine Leinwand senkrecht. Der Malgrund ist mit einer neutralen warmen Grundierung versehen, die stark mit Balsamterpentin verdünnt wurde und dafür sorgt, daß die Farben von vornherein harmonisiert weden. Durán beginnt nicht gern auf einer weißen Leinwand.

Abb. 90 bis 92: Rafael Durán stellte seine Werke u.a. in Los Angeles aus und erhielt für eines seiner Stilleben einen Preis des Königlichen Kunstvereins Barcelona. Er verwendet hier eine Feldstaffelei und befestigt die zuvor mit einem stark verdünnten Grau grundierte Leinwand darauf. Er hat die Gardinen zugezogen, da er ungern bei direktem Licht arbeitet. Er bevorzugt eine gedämfte Beleuchtung, die keinerlei Einfluß auf die Farben hat.

91

92

Werke von Rafael Duràn

93

94

95

Abb. 93 bis 95: Drei Werke von Rafael Durán. Interessant ist die Komposition des Stillebens als Fries, bei dem die Blumen die gesamte obere Mitte einnehmen. Der Balkon mit der Jalousie ist eine Reminiszenz an Matisse.

Zuerst die Komposition

Der Maler hält sich nicht lange mit der Verteilung der Elemente auf. Er stellt die Früchte und die Gefäße rasch zusammen und braucht dafür keine Versuche anzustellen.

Zweifellos handelt es sich um eine lebhafte, ausgewogene Komposition mit Bildelementen, die sich im oberen Abschnitt mühelos ausgleichen und Früchten, die beinahe zufällig hingestreut auf der Oberfläche verteilt sind.

Die Anordnung ist rasch erfolgt; doch sie ist offensichtlich das Ergebnis jahrelanger Erfahrungen.

Viele Maler sagen: „Hinter zwei Stunden Malerei liegen zwanzig Jahre Erfahrung, um in zwei Stunden malen zu können."

96

Abb. 96: Die Komposition ist die Grundlage des Stillebens. Die Erfahrung des Künstlers zeigt sich in dem Augenblick, wo er instinktiv die Lage der Bestandteile des Modells verändert, da die Gesetze des Ausgleichs der Massen und des Gleichgewichts zu seinem visuellen Bildungsgut gehören. In wenigen Sekunden hat Durán die Elemente aus zwei Diagonalen zusammengestellt.

Duráns Palette

Duráns Farben und deren Verteilung auf der Palette spiegeln seine ausgeprägte Persönlichkeit wider: wenige, aber wesentliche Farben, nämlich die Primärfarben Gelb, Krappkarmin und Zyanblau, mit denen sich alle Nuancen der Natur mischen lassen, und einige nachgeordnete Farben, die ebenfalls wichtig sind: Ocker, Rot und Grün. Bei der Verteilung hält er sich an keine bestimmte Reihenfolge, was das soeben Gesagte bestätigt: Durán ist ein Maler mit Charakter. Hier seine Farben:

Kadmiumgelb
Krappkarmin
Englischrot violett
Kadmiumrot hell
Kobaltblau
Chromoxidgrün feurig
Ultramarin
Weiß (in der Mitte)
Ocker

Durán benutzt überwiegend die Farben der belgischen Firma Block, allerdings manchmal auch Erzeugnisse von Rembrandt und in geringerem Maße von Titàn.

In einem der beiden Näpfe befindet sich Balsamterpentin, in dem anderen ein Medium von Block, das der Maler sehr schätzt. Es beschleunigt den Trocknungsprozeß, ohne daß die Farbe glanzlos wird. Man kann also bei den nachfolgenden Sitzungen auf einer getrockneten Farbschicht malen, die noch all ihre Frische besitzt. Andererseits bleibt die Farbe beim Arbeiten angenehm pastos.

Erstes Stadium: Striche und Farbflecke

Durán beginnt sein Bild mit einem ziemlich abgenutzten Schweinsborstenpinsel. „Ein harter, abgenutzter Pinsel verhält sich auf der Leinwand beinahe wie ein Bleistift", sagt er. Er benutzt den Pinsel auch, um die Maße und Proportionen der Elemente zu ermitteln.
Durán beginnt mit einem wenig gefüllten Pinsel und legt Formen und Umrisse in einer ziemlich blassen Farbmischung mit der Dominante Blau fest.
Die ersten kompositorischen Entscheidungen erfolgen bereits in diesem Stadium der Eingangsskizze. Er sagt zum Beispiel: „Die linke Vase in dem violettstichigen Kobaltblau ist sehr hübsch, aber etwas zu hoch."
Damit seine Komposition im oberen Teil mehr Luft bekommt, hält Durán die Vase etwas niedriger und reduziert die Proportionen innerhalb des Modells.
Schon legt er die ersten Farbflecken in Weiß auf den neutralen Grund: einige Nelken. Anschließend deutet er unmittelbar mit Grün die Blätter und Stengel an. Ebenfalls mit Grün zieht er eine Linie, die den waagerechten unteren Hintergrund vom oberen senkrechten trennt.
Durán erzählt, daß er Matisse sehr schätzt, eine Tatsache, auf die man bereits aus seinem Bild mit dem Balkon und der Jalousie (Abb. 94) schließen konnte.
Jetzt sind die kompositorischen Gegengewichte festgelegt, ebenso etliche koloristische Elemente mit dem verschiedenen Grün der Blätter, insbesondere im Blumentopf.

Abb. 97 bis 99: Durán umreißt in großen Zügen mit einem ziemlich abgenutzten Pinsel die Konturen und erhält eine lockere Skizze aus weichen Strichen. Oben links (Abb. 97) legt er die Nelken bereits als Farbtupfer an. Unten erhalten die Stengel und Blätter Grün (Abb. 98). Mit derselben Farbe zieht er eine waagerechte Linie, die die Lage des Stillebens sowie die Unterteilung in waagerechte und senkrechte Maße markiert (Abb. 99).

97

98

99

Zweites Stadium: Blaue Vase und Untergrund

Der Maler bearbeitet jetzt die gesamte Bildfläche gleichzeitig und befaßt sich abwechselnd mit den Umrissen (Zeichnen) und den Farbflächen (Malen). Zum erstenmal benutzt er ausreichend mit Weiß gemischtes Karmin.

Bereits jetzt – er hat den Pinsel noch nicht gewechselt – wendet sich der Künstler der blauen Vase zu: Er baut die Form auf und malt sie gleichzeitig. Nun reinigt er seinen Pinsel mit einem Lappen und tauscht ihn gegen einen anderen aus. Von Zeit zu Zeit mischt er mit diesem dikken Pinsel neues Blau mit viel Weiß, bis er ein bläuliches Grau erhalten hat, und legt damit den Hintergrund an.

Die Vase stellt, wenn man so sagen will, den Hauptfarbfleck des Bildes dar und könnte den Titel bestimmen.

Beachten Sie, daß neben dem Volumen auch die Spitzlichter angelegt werden, in dem die Stellen dafür weiß bleiben. Hier scheint also der Untergrund durch.

Durán befaßt sich jetzt mit dem Hintergrund und fügt Kadmiumrot zur Mischung, damit sie wärmer wird.

Der Hintergrund ist nicht gleichförmig, er besteht aus einem Spiel stark nuancierter Grautöne: einige Zonen enthalten viel Blau, andere Grün oder Rot. Diese Hintergrundfarben umreißen die Form der blauen Vase: „Es gibt zwei Möglichkeiten, einen Körper aufzubauen: indem man ihn mit Farbe ausfüllt oder ihn mit der umgebenden Farbe umreißt."

Durán malt seine Striche in alle Richtungen, um die Leinwand zu füllen. Dabei erzählt er von einem Maler, der seine Pinselstriche allesamt nach links ausrichtete und zum Schluß zum Ausgleich erhebliche Sorgfalt auf die rechte Seite legen mußte, und erwähnt einen weiteren Künstler, dessen Kompositionen immer nach rechts fielen. „Hat man nicht häufig gesagt, daß El Grecos verlängerte Gestalten das Ergebnis eines Sehfehlers seinen? Aus derartigen Defekten entwickelt sich ja gerade eine Persönlichkeit", sagt Durán und zitiert dabei Jean Cocteau. „Viele Künstler verwandeln ihre Beschränkungen in einen Stil. Die Malerei besitzt wie die Grammatik ein paar Regeln. So befindet sich zum Beispiel im Wurfschatten eines Körpers auch dessen Eigenfarbe, also das Licht, das dieser Körper reflektiert. Das ist ein unumgängliches Gesetz. Man muß jedoch verhindern, daß man in Gemeinplätze verfällt. Folgten alle Maler buchstabengetreu den Gesetzen, würden sich sämtliche Bilder gleichen."

Während der Maler dies sagt, hat er den Hintergrund mehr oder weniger gelöst.

100

101

Abb. 100, 101: Durán hat den alten Pinsel, mit dem er seit Beginn der Arbeit den Hintergrund malte, gegen einen dikkeren ausgetauscht. Er will jetzt die Elemente des Stillebens umreißen, die Leinwand mit Farbe füllen und auf diese Weise die Form der Gegenstände herausstellen. Dieses Stadium des Bildes erledigt er, abgesehen von einigen Tupfern in den Blüten und Blättern, ausschließlich mit Hilfe großer Farbflecken im Hintergrund.

102

Abb. 102: Durán hat die blaue Vase gemalt, die das Hauptmotiv des Bildes darstellt und ihm den Titel geben könnte. Er hat erneut den Hintergrund bearbeitet, der nicht gleichförmig ist, sondern aus einer ganzen Skala blau-, grün- und rotstichiger Töne besteht. Mit diesem Hintergrund hebt er die Form der Vase hervor. „Es gibt zwei Möglichkeiten, einen Körper aufzubauen: Man füllt ihn mit Farbe, oder man umgibt ihn damit“, erklärt Durán.

Drittes Stadium: Schnelle und langsame Maler

Jetzt beginnt der Maler, die Tonwerte anzulegen: den Schatten des Blumentopfes im Vordergrund, die Zitrone, die sich in dessen Schatten befindet. Durán erzählt, daß er gute Erfahrungen mit dem Malen im Beisein von Zuschauern gesammelt hat, mit denen er sich von Zeit zu Zeit unterhält. Er erinnert in diesem Zusammenhang an das Atelier von Gustave Courbet, in dem sich ganze Scharen von Menschen aufhielten, während der Künstler arbeitetete. „Natürlich ist die Einsamkeit der schöpferischen Kraft bekömmlicher", fährt Durán nach kurzem Nachdenken fort. „Man läuft Gefahr, sich angesichts der Leute nicht richtig konzentrieren zu können, wird zerstreut und läßt sich leicht ablenken."

Durán tritt etwas von der Staffelei zurück und betrachtet recht zufrieden sein Werk. Im Moment gefällt ihm das Modell allerdings noch besser als das Bild.

„Normalerweise beginnt man mit den dunklen Farben", sagt der Maler und kommt damit von der poetischen Theorie zur technischen Prosa. „Die hellsten Stellen kommen erst ganz zum Schluß." Er geht davon aus, daß die mittlere Nelke in der blauen Vase und die Zitrone im Vordergrund die hellsten Flecken bilden. Im unteren Teil seines Bildes erlaubt sich Durán große Freiheiten gegenüber den wirklichen Farben. So verwendet er ein helles Violett, wo sich eigentlich ein graustichiges Weiß befindet. Das ist eine genau durchdachte Entscheidung: Violett ist die Komplementärfarbe von Gelb, so daß zwischen den Zitronen und ihrem Umfeld aufgrund ihres heftigen Kontrastes eine angenehme Farbenharmonie entsteht.

Durán zitiert Renoir: „Um gut zu sein, muß ein Bild schlimme Augenblicke durchlaufen haben." Und er fügt hinzu: „Das Bild, um das man am meisten gerungen hat, ist manchmal das beste." Im Moment stimmt er allerdings van Gogh zu, der pro Tag zwei Bilder malte, und erklärt: „Die Schnelligkeit bei der Herstellung eines Bildes hat nichts mit dessen Qualität zu tun. Es gibt gute und schlechte, langsame und schnelle Maler, wobei ein stark ausgearbeitetes schlechtes Werk schlimmer ist als ein nicht ganz so vollendetes."

103

104

Abb. 103, 104: Durán weist auf den Grundsatz hin, wonach ein gutes Bild immer etwas unvollendet bleiben muß. Renoir hielt dem entgegen, daß der beste Maler seine Bilder mehrmals umarbeite. Van Gogh malte trotzdem zwei Bilder pro Tag. Für Durán folgt daraus, daß die Schnelligkeit oder Langsamkeit, mit der der Künstler arbeitet, keinen Einfluß auf die Qualität seines Werkes hat. Er dreht daher den Grundsatz um und sagt, daß ein unvollendetes schlechtes Bild erträglicher scheint als ein schlechtes, stark ausgearbeitetes.

105

Abb. 105: In diesem Stadium kann Durán der Versuchung widerstehen, die blaue Vase mit hellblauen Tönen zu bearbeiten oder die weiße Nelke in der Mitte aufzuhellen. Beides beabsichtigt er, möchte es aber noch nicht ausführen, da die dunklen Farben die Grundlage des Gemäldes bilden, während die hellen erst zum Schluß hinzukommen.

Das Bild besitzt bereits einen Hinter- und Untergrund. Durán bereichert jetzt die Früchte farblich: Er legt einen dunklen warmen Ton in die Schatten des Apfels; dieselbe Mischung verwendet er auch für den Topf innerhalb des weißen Übertopfs. Zunächst möchte er noch einiges erklären.

„Natürlich besteht immer die Gefahr, daß man zuviel überlegt, daß man nichts malen möchte, was andere schon gemalt haben. Zuweilen muß der Künstler malen, wie es ihm gefällt, obwohl die Regeln natürlich einen Sinn haben. Aber man sollte das Malen auch genießen."

Viertes Stadium: Eine Zitrone, die keine ist

Abb. 106 bis 109: In diesem Stadium des Bildes setzt der Maler unterschiedliches Werkzeug ein: Mit dem Spachtel legt er unmittelbar Farbe auf die rechten Blütenkelche; mit einem feinen Pinsel malt er die Stengel in der Vase, und mit einem kleinen Malmesser entfernt er das Spitzlicht auf der Vase und gleicht die Stelle anschließend mit den Fingern aus.

Durán befaßt sich nun mit dem oberen Abschnitt des Hintergrunds. Ein Vorteil des Künstlers besteht darin, daß er die Wirklichkeit seinen Bedürfnissen anpassen kann, meistens in Form einer Vereinfachung, einer besseren Erklärung des Tatsächlichen. „Viel wichtiger als die Form der Blume ist der Farbfleck, den diese Blume bildet."

Zu einem bestimmten Zeitpunkt ergreift der Maler einen Spachtel, mischt Weiß mit Ultramarin und etwas Karmin und erhält ein mittleres Violett.

Er trägt die Farbe unmittelbar mit dem Spachtel auf die Leinwand und baut die Blumen zur Rechten auf.

Unmittebar darauf malt er in der Mitte die grünen Stempel der Blüten.

Mit einem feineren Pinsel legt er die Stengel des Straußes an, der sich in der blauen Vase befindet. Er fügt Ultramarin zu der Mischung und trägt sie auf den Krug, den er bisher nicht angetastet hat. Mit dem Ultramarin baut er Licht und Schatten auf. Er fügt ein winziges glänzendes Spitzlicht mit einem feinen Pinsel hinzu, findet es jedoch zu banal und beseitigt es beinahe sofort mit einem scharfen Malmesser. Anschließend gleicht er diese Stelle mit einem Finger wieder aus. „Zu gut", erklärt er unversöhnlich.

Er gibt jetzt vorsichtig Weiß auf jene mittlere Nelke, die den hellsten Punkt seines Werkes bilden soll.

Auch auf den Übertopf gibt er etwas elfenbeinfarbenes Weiß und erklärt, daß er die senkrechten Rillen nicht darstellen wird, weil sie wie zuvor das Spitzlicht auf der Vase „zu schön" sind.

Weshalb verwenden soviele Maler Früchte für ihr Stilleben? „Weil sie weiche Farbnuancen besitzen, die häufig schwierig wiederzugeben sind", stellt Durán fest.

Der Maler glättet das Gelb der linken Zitrone und erklärt, daß er dabei das Gefühl hat, etwas Verbotenes zu tun, denn nach dem Rat seiner Lehrer darf man die Finger nur zum Malen verwenden.

Nun umreißt er die Auflagestelle einiger Elemente mit Dunkelgrau: den Apfel, die Zitrone im Vordergrund, den weißen Übertopf. „Wichtig ist, daß die Elemente eine solide Basis besitzen", sagt er.

Doch am Ende siegt bei ihm die Ungeduld über die Zurückhaltung. Mit einer wahren Schadenfreude malt er das reine, leuchtende Gelb der Zitrone im Vordergrund, den hellsten Punkt des unteren Bildabschnitts.

„Wie van Gogh sagte: ‚Eine Sonnenblume zu malen ist, wie die Sonne selbst zu malen.' Für mich ist nicht wichtig, daß die Zitrone als solche zu erkennen ist, sondern mir geht es um genau dieses Gelb, das ich in meinem Bild haben möchte. Dies ist keine Zitrone, sondern das Gelb dieses Bildes, genau die Farbe, die ich in diesem Augenblick einfügen möchte."

106

107

108

109

110

Abb. 110: Das Stilleben hat Volumen angenommen. Durán hat jetzt die hellen Töne auf die mittlere Nelke und den Übertopf rechts hinzugefügt, die er bereits im vorigen Stadium als visuelles Interessenszentrum des Bildes betrachtete. Er hat ferner einige Schatten mit Dunkelgrau betont, die aufgrund ihres Kontrastes für Volumen und Tiefe sorgen.

Fünftes und letztes Stadium: Die eigentliche Stimmung

111

112

Abb. 111, 112: Während man normalerweise nur mit einer Palette arbeitet und diese mehrfach reinigt, wechselt Rafael Durán seine verschmutzte Palette gegen eine saubere aus und setzt darauf frische Farben ab, als wolle er ein neues Bild beginnen.

Der Künstler behandelt jetzt die Wurfschatten seiner Elemente. Jedesmal, wenn er die Finger zur Retusche eines Details einsetzt – er benutzt sie nur sehr wenig –, vermittelt er das Gefühl, etwas Unrechtes zu tun und schaut wie um Verzeihung bittend in die Ecke seines Ateliers, wo Vermeer und Picasso von Plakaten herüberblicken.

Obwohl es sich um ein hyperrealistisches Werk handelt, will Durán seine Formen „erklären": die Blüten, die Stengel, die Blätter, allerdings in zusammenfassender Weise. Er zitiert dazu Picasso: „Es ist schon in Ordnung, wenn man die Knöpfe einer Jacke sorgfältig malt; aber es muß vorsichtig geschehen, denn sonst könnten einem die Knöpfe ins Gesicht springen." Die Wurfschatten der Elemente auf die flache Unterlage verleihen der Komposition Bedeutung. Anschließend wendet sich der Künstler den Elementen selbst zu und gibt ihnen mehr Volumen: „Manche Maler erledigen eine Sache nach der anderen: Ich gehen mal hierhin, mal dorthin und vergesse nie, daß das Bild ein Ganzes ist."

Durán erklärt, daß das Streben nach Perfektion nicht nur für den Maler, sondern auch für den Betrachter verdrießlich sei. Er stellt fest, daß seine Palette zu verschmutzt ist, legt sie beiseite und wählt eine neue, vollkommen saubere, auf der er frische Farben absetzt, als wollte er von vorn beginnen.

Ein weißer Farbtupfer kommt auf die Zitrone im Vordergrund, die das Licht abrundet, und ein violettstichiges Grau auf die linke Seite der mittleren Nelke, das durch seinen Kontrast die Leuchtkraft des Weiß erhöht. „Das Bild sagt einem selbst, wohin es gehen muß." Der Künstler arbeitet jetzt langsamer und gelassener. Er gibt zu, daß ihn dieses Abschlußstadium nicht sonderlich reizt, denn er will das Bild nicht stark ausarbeiten.

„Manche Stellen müssen bleiben, wie sie sind, damit das Werk ein unvollendetes Aussehen behält. Die Malerei ist ein Ausscheidungsprozeß. Nur weil ein Blatt im Modell vorhanden ist, muß es noch nicht im Bild erscheinen. Zum Beispiel möchte ich das nach links geneigte Blatt verwenden, denn es gleicht die nach rechts hängenden aus. Das andere werde ich dagegen nicht übernehmen. Der Maler nimmt, was ihm dient; den Rest läßt er fort."

Ein heller Malventon kommt auf die linke rosa Nelke. Anschließend entspannt sich Durán und sagt: „Das Bild ist gleich fertig."

Er stellt die Leinwand auf die Kommode, auf der sich das Modell befindet, und tritt drei oder vier Meter zurück.

„Ein Bild kann in einer Sitzung fertiggestellt werden oder hundert Sitzungen benötigen. Dieses brauchte nur eine einzige. Das Wesentliche der Stimmung ist erfaßt, und das interessiert mich am meisten, denn ich bin kein hyperrealistischer Maler."Das ist Rafael Durán in der Tat nicht. Eher könnte man ihn als Nachfolger der Impressionisten bezeichnen. „Ja", stimmt er mit Einschränkungen zu, „aber ich arbeite abstrakter als sie. Der Impressionismus beinhaltet eine Art Naturalismus, der mir nicht gefällt. Ich ziehe Matisse vor."

113

Abb. 113: Während Durán mit den Fingern ein Detail retuschiert oder nuanciert, das ihm zu „akademisch" erscheint, wirft er einen schuldbewußten Blick auf die Bilder von Picasso und Vermeer, die in seinem Atelier hängen.

Abb. 114: Hier das fertige Werk. Während der gesamten Sitzung hat Durán niemals vergessen, das Bild als ein Ganzes zu betrachten. Er erarbeitet die einzelnen Elemente nicht völlig aus, sondern malt hier einen weißen Reflex auf die Zitrone im Vordergrund und dort ein helles Grau auf die mittlere Nelke, das aufgrund seines Kontrastes die Leuchtkraft des Weiß' erhöht.
So bleibt die Ausarbeitung im Grunde unvollendet. Rechtzeitig aufzuhören, bevor ein Bild seine Frische und Spontanität verliert, ist schwierig – und wichtig.

114

Eine mittelalterliche Technik im 20. Jahrhundert

Gabriel Portolés ist ein bekannter Maler. Der seit 1960 hauptberuflich tätige Künstler hat zahlreiche Ausstellungen veranstaltet, und seine Werke hängen in Chicago, Amsterdam und in Wiener Galerien. Portolés wurde 1930 in Jacca, Spanien, geboren und malt in erster Linie Gestalten und Stilleben. Bis hierher ähnelt seine Biographie also der zahlreicher anderer Maler. Trotzdem ist Gabriel Portolés eine Ausnahmeerscheinung. Er malt nämlich weder mit Öl- noch mit Aquarellfarben oder Gouache, Pastellkreiden und Acryl. Ende des 20. Jahrhunderts, beinahe an der Schwelle des dritten Jahrtausends nach Christus, arbeitet Gabriel Portolés mit Eitemperafarben.

Die Eitemperafarbe

Im Lexikon der Künste und Künstler von Peter und Linda Murray heißt es: „Eitemperamalerei: Maltechnik, bei der das Farbpulver gebunden wird, um damit arbeiten zu können. In der Praxis verwendet man dafür fast ausschließlich Eigelb als Bindemittel; dies war bis Ende des 15. Jahrhunderts die verbreitetste Maltechnik.“

Portolés malt also, seit er Berufskünstler wurde, wie jene anonymen mittelalterlichen Meister. Und wie jene Meister verwendet er Holz als Malgrund. Dazu läßt er sich vom Schreiner einen Zentimeter dicke Sperrholzplatten zuschneiden.

Anschließend versieht er die Holztafeln mit einer Gipsgrundierung, die er in mehreren Schichten aufträgt. Nach dem Trocknen schmirgelt er sie auf der Terrasse seines Atelier ab, bis sie völlig glatt und bemalbar ist.

115

Abb. 115: Gabriel Portolés ist ein Ausnahmekünstler, und das nicht nur wegen der künstlerischen Qualität seiner Bilder, sondern vor allem wegen seiner Technik: Er malt mit Eitemperafarben – jenem Medium, mit dem bis zur Entwicklung der Ölfarbe im 15. Jahrhundert alle Bilder gemalt wurden.

116

117

Abb. 116, 117: In Portolés kleinem Atelier mit der für einen Maler unverzichtbaren Bibliothek von Kunstbüchern steht ein überfüllter Arbeitstisch voller Töpfe und Flakons, in denen der Maler seine Eitemperafarben aufbewahrt. Auch ein Kofferradio ist vorhanden, denn die Musik ist eine gute Verbündete der Malerei.

Werke von Gabriel Portolés

Abb. 118, 119: Eitemperafarben, die Tempera- oder Gouachefarben ähneln, ermöglichen je nach der Menge der Farbpigmente in der Mischung sowohl dicke Farbschichten als auch Lasuren (siehe Herstellung der Eitemperafarben, S. 55). Portolés arbeitet bevorzugt mit stark verdünnten Farben, mit denen er Lasuren wie das Grün in dem Ausschnitt links anlegen kann, die für sein Werk so charakteristisch sind.

119

118

Portolés unterscheidet sich in vielerlei Hinsicht nicht sonderlich von jenen mittelalterlichen Künstlern, die ihn inspirierten. Er sitzt in seinem kleinen, nur 4 × 6 qm großen Atelier mit zwei nach Nordosten gerichteten Fenstern und malt seine Bilder unter einer Holzpyramide. Er glaubt an die Kraft der Pyramiden und hofft, daß er die kosmischen Energien aufnimmt, wenn er unter ihrem Schutz arbeitet.
Gabriel Portolés hat immer mehrere Werke gleichzeitig in Arbeit und läßt sie, wie Tizian, zwischendurch ruhen. Mal malt er an einem, mal an dem anderen weiter, so daß sehr schwer zu ermitteln ist, wieviel Zeit er in ein Gemälde investiert.
Die Eitemperamalerei ist eine aufwendige Technik. Nachdem das Holz grundiert ist – falls der Maler es nicht selbst tut, erledigt dies ein Lackierer nach seinen Anweisungen –, beginnt das langwierige Verfahren der Farbenherstellung, die der Maler selbst übernimmt.
Trotzdem verfügt Portolés über verschiedene Tricks, damit sein arbeitsaufwendiges Malverfahren nicht übermäßig mechanisch wird.
Doch sehen wir uns zunächst an, wie Portolés seine Eitemperafarben herstellt.

Abb. 122: Portolés arbeitet unter einer Pyramide, die an seiner Staffelei befestigt ist. Er glaubt, daß er dank der segensreichen Wirkung der Pyramide über sich die kosmischen Energien in seine Malerei einfließen lassen kann.

120

121

122

Eitemperafarben: die Vorläufer der Ölmalerei

1410 entdeckte der junge Maler Jan van Eyck die Ölmalerei. Während des ganzen 13. und 14. Jahrhunderts hatten die Maler mit Eitemperafarben gemalt. Diese eignete sich unterschiedslos für Miniaturen, Illustrationen in Manuskripten und Meßbüchern, für Bilder, Altaraufsätze, Ikonen, dekorative Tafeln und die Wandmalerei.
Wegen ihrer Verwandtschaft mit der Ölmalerei möchte ich die Herstellung eines Eitemperabildes in diese Schritt-für-Schritt-Reihe aufnehmen.

Ei, Wasser, Lack und Farbpigmente

Die Herstellung der Eitemperafarben
Das übliche Verfahren zur Herstellung der Eitemperafarben, vor der Entdeckung der Ölmalerei im 15. Jahrhundert, bestand darin, die Masse, also die Mischung der Pigmente mit Wasser, herzustellen und den Pinsel beim Malen in das verschlagene Ei (Eigelb plus Eiweiß) zu tauchen. Portolés besitzt allerdings seine eigene Vorbereitungsart.

Der Künstler stellt eine Flüssigkeit aus Ei, Lack und Wasser her. Nachdem die Bestandteile gemischt und homogenisiert sind, fügt er das Farbpulver hinzu, das die Mischung verdickt, und verteilt es sorgfältig. Dies macht er mit jeder benötigten Farbe einzeln und bewahrt diese in Flakons auf, als handele es sich um Gouache.

Gouache selbst benutzt Portolés nur als Hilfsmittel oder zur Ergänzung, nicht als Grundmaterial seiner Malerei. Seiner Meinung nach ist Gouache zu dicht und zu deckend. Eitemperafarben ermöglichen dagegen eine große Transparenz; das Holz „atmet" durch die Farbschicht hindurch. Auf diese Weise erhält man zum Beispiel jene transparenten weiblichen Fleischfarben, durch die der Künstler vielleicht am bekanntesten geworden ist.

Portolés zeigt uns nun im Einzelnen die Herstellung von Eitemperafarben. An Material benötigt er eine mittelgroße Flasche, ein Glas, eine kleinere Flasche Lack und einen Spachtel. Er gibt das Ei in das Glas, verschlägt es mit dem Pinselstiel, als wolle er ein Omlett braten, und füllt es in die Flasche. Anschließend gibt er dieselbe Menge Wasser hinzu, und zum Abschluß folgt der Lack. Nun schüttelt er die Flasche, als handele es sich um einen Cocktail. Das ist es ja auch, allerdings keiner zum Trinken, sondern zum Malen.

123

124

125

126

Abb. 123 bis 126: Bei der Herstellung der traditionellen Farben für die Eitemperamalerei bereitete man zunächst den Farbbrei zu (Farbpigmente mit Wasser) und tauchte den Pinsel im Augenblick des Malens in das verschlagene Ei. Portolés verwendet ein anderes Verfahren, bei dem er die Farbe in verschließbaren Tiegeln und Flakons aufbewahren kann. Er gibt ein Ei in ein Glas, verschlägt es und füllt es in eine Flasche. Anschließend fügt er Wasser und zuletzt den Weißlack hinzu. Nun verstreicht er die Farbpigmente auf einer Marmorplatte und gibt etwas Flüssigkeit aus der Flasche hinzu. Er schlägt die Masse mit einem Spachtel durch, bis sie völlig klumpenfrei ist. Diese Farbe füllt er nun in Tiegel. Auf diese Weise kann er verschiedene Farben herstellen, die er während der Sitzungen noch nuanciert. Er bewahrt sie höchstens eine Woche auf, weil das Ei anschließend zu faulen beginnt.

Erstes Stadium: Die blaue Vorzeichnung

Portolés nimmt mit dem Spachtel Farbpigmente auf (in diesem Fall blaue) und verteilt sie auf der Marmorfläche. Er gibt ein wenig Flüssigkeit aus der Flasche hinzu und verschlägt die Mischung, ähnlich wie ein Maurer Zement und Wasser, bis alle Klumpen aufgelöst sind. Und schon ist die blaue Farbe fertig.
Nachdem die Konsistenz der Farbpaste korrekt ist, füllt er diese in einen Flakon. Anschließend bereitet er auch die anderen Farben für sein Bild zu. Früher wurden diese Mischungen täglich hergestellt. Portolés bewahrt sie bis zu einer Woche auf. Länger allerdings nicht, weil das Ei dann fault und die Farbe – abgesehen von dem unangenehmen Geruch – unbrauchbar wird.

Die Zeichnung
Unter dem Schutz der Pyramide, deren eine Seite – wie verlangt – nach Norden gerichtet ist, wird uns der Künstler jetzt seine Arbeitsweise vorführen.
Er benutzt dazu normale Pinsel für die Ölmalerei und arbeitet fast nur bei Kunstlicht. Durch das nach Nordosten gerichtete Fenster seines Ateliers kann kein Sonnenlicht fallen. Sowohl beim Malen von Gestalten als auch von Stilleben arbeitet Portolés häufig ohne Modell, oder er fügt Elemente aus früheren Bildern in seine neuen Werke ein. Bei dem Stilleben, dessen Herstellung er uns zeigt, handelt es sich zum Beispiel um eine Vase mit Sonnenblumen und einigen Äpfeln. „Ich brauche keinen Apfel vor Augen, um diese Frucht zu malen", sagt er.
Als erstes fertigt Portolés die Vorzeichnung an. Mit großen Strichen umreißt er die Grundformen, so daß die Bestandteile des Stillebens bereits erkennbar sind: „Eine leere Vase, eine weitere Vase mit Sonnenblumen und zwei Äpfel. Auch einige charakteristische Schattierungen sind vorhanden. Sie dienen Portolés als ersten Versuch zur Anlage von Licht und Schatten, obwohl er beim Übertragen der Zeichnung auf die Holztafel nur die Umrisse übernimmt.

127

128

129

Abb. 127 bis 129: Portolés setzt sich unter die kosmische Pyramide und beginnt mit einer detaillierten Vorzeichnung auf Papier. Er skizziert auch einige Schatten, obwohl er sie anschließend nicht auf die Holztafel überträgt (Abb. 130/1).

Das Durchpausen auf Holz

Nun wird die Zeichnung auf die Holztafel übertragen.
Dazu verwendet Portolés Packpapier, dessen Rückseite er mit blauem Farbpulver (das gleiche wie für die Farbmischung) gefärbt hat. Er legt die Papierzeichnung darauf und zieht die Umrisse nach, die aufgrund des Farbpulvers auf dem Packpapier auf der Holztafel sichtbar werden.
Auf diese Weise entsteht eine völlig saubere Zeichnung auf dem Holz. Mit denselben Ultramarinpigmenten, diesmal in Wasser gelöst, überarbeitet er nun diese Zeichnung. Er deutet bereits ganz zart die Farbblöcke und Schatten an, genauer gesagt den Untergrund, denn damit beginnt Portolés seine Werke grundsätzlich. Da die Eitemperamischung sehr schnell trocknet, kann er anschließend gleich weitermalen, falls er möchte.
Wir haben jedoch bereits darauf hingewiesen, daß Portolés seine Bilder in aller Ruhe anfertigt. Er schließt daher das erste Stadium seiner Arbeit an dieser Stelle ab.

Portolés' Farbpalette
Portolés legte seine Palette auf dem Marmortisch an. Dazu gehören von rechts nach links:

Ultramarin
Violett
Zinnober
Siena
Zitronengelb
Kadmiumgelb mittel
Weiß
Smaragdgrün
Türkis
Ocker

Er nimmt ein wenig Wasser mit dem Spachtel auf und feuchtet die Farben an, damit sie während seiner Arbeit nicht trocknen.

130

131

Abb. 130, 131: Portolés legt seine Zeichnung auf ein auf der Rückseite mit blauen Farbpigmenten bestrichenes Packpapier, zieht die Umrisse nach und überträgt seine Zeichnung auf diese Weise auf die Holztafel.

Abb. 132: Portolés benutzt seinen Marmortisch als Palette und verteilt die zuvor hergestellten Farben darauf. Vor dem Malen fügt er noch etwas Wasser mit dem Spachtel hinzu.

132

Zweites Stadium: Hintergrund und Sonnenblumen

Portolés bearbeitet den Hintergrund mit weiteren Farben und saugt die überschüssige Flüssigkeit mit einem Schwamm ab. Das Bild verwandelt sich gewissermaßen in einen „Abguß", bei dem der Untergrund schon Farbe enthält, während die Bildelemente – also die Hauptmotive – noch weiß bleiben.
Während dieser Zeit benutzt Portolés ausschließlich zwei Pinsel: Nr. 12 und Nr. 18, und zwar einen für die kalten und einen für die warmen Töne.

Endlich ist der gesamte Hintergrund ausgemalt. Nun beginnt Portolés mit dem Gelb der Sonnenblumen. Damit hat er die Verteilung seiner Farben bereits grundsätzlich festgelegt.

Abb. 133 bis 136: Der Künstler hat die Zeichnung mit einem auf der Rückseite blaugefärbten Packpapier auf das Holz übertragen. Nun beginnt er, mit einem Ölmalpinsel den Hintergrund anzulegen, und greift dabei häufig zu seinem Schwamm, um Farben abzusaugen. Anschließend malt er das Gelb der Sonnenblumen.

134

135

136

133

137

Abb. 137: Portolés erspart sich einiges Kopfzerbrechen, indem er mit dem Hintergrund beginnt. Da eine Farbe aufgrund des Simultankontrastes je nach der umgebenden Farbe heller oder dunkler wirkt, sich also verändern kann, wenn der Hintergrund später angelegt wird, vermeidet er bei seiner Reihenfolge ein erhebliches Risiko. Die Sonnenblumen sind zum Abschluß dieses Stadiums ebenfalls farbig und weisen etliche beleuchtete Stellen und Schatten auf.

Am Ende dieses zweiten Stadiums haben wir ein Bild vor Augen, dem es noch an Relief, Schatten und weiteren Elementen fehlt. Die Farbe der zylindrischen Vase ist nur angedeutet, und die bauchige Vase im Vordergrund links ist noch völlig farblos. Nur bei den Sonnenblumen und den Äpfeln zeichnen sich Licht und Schatten, die für Volumen sorgen, bereits ab. Beachten Sie die Farbunterschiede bei den Äpfeln: im hinteren dominiert Rot, im vorderen Gelb. Auch das Blattgrün der Sonnenblumen ist schon angedeutet.

Drittes Stadium: Mit Pinsel und Schwamm

Portolés behandelt nun die rechte Vase, genauer gesagt, die blaue Bemalung der zylindrischen Vase. Er legt die wichtigsten beleuchteten Stellen und den Schatten an, den die Sonnenblumen auf den oberen Teil werfen.
Anschließend befaßt er sich mit der linken Vase, die mit geometrischen Figuren verziert ist (im Moment noch in Sienatönen auf einem quasi weißen Untergrund). Obwohl die Eitemperafarbe schnell trocknet, sollte man nicht auf einer feuchten Farbschicht malen, wenn man Wert auf einen sauberen Strich legt. Die Vase wird mit zwei unterschiedlichen Brauntönen bearbeitet. In dem dunkleren befindet sich mehr Ocker, in dem helleren ein größerer Anteil Karmin. Durch die Verbindung dieser beiden Tonwerte erhält der Künstler das Gleichgewicht im Vordergrund seiner Komposition, also seines Stillebens, das er übrigens auf dem Format Nr. 12, Porträt, herstellt.
Portolés erzählt, daß er unabhängig vom Thema mit den Formaten „Porträt" und „Landschaft" arbeitet. Die Wahl des Formates wird ausschließlich vom Modell bestimmt. Der Maler wechselt nun beinahe ständig zwischen Pinsel und Schwamm. Das Bild hat bereits ein ziemlich fortgeschrittenes Stadium erreicht, so daß auch die Harmonisierung der Farben im wesentlichen abgeschlossen ist. Allerdings handelt es sich immer noch um eine Harmonisierung in flachen Farben. Relief, Tiefe und Nuancierung, die das fertige Bild auszeichnen, fehlen noch. Damit beginnt der Künstler jetzt.
Beachten Sie, daß es in diesem durchweg impressionistischen Stilleben – „Ich betrachte mich als Impressionisten", sagt der Maler (siehe die „Sonnenblumen" von van Gogh) – auch nicht an kubistischen Elementen fehlt. „Den Kubismus übernehme ich für den Hintergrund", erklärt Portolés und wendet sich erneut der blauen Vase zu.
Er arbeitet wie ein Keramiker, verziert und modelliert die Vase gleichzeitig. Portolés arbeitet energisch und ruhig und greift immer wieder zu seinem Schwamm, um den Farbüberschuß abzutupfen. Gelegentlich nimmt er auch einen feineren Pinsel, um Umrisse und kleinere Details der Vasenverzierung anzulegen.

138

139

Abb. 138: Der Künstler hat die blaue Vase gemalt und auch den Schatten der Sonnenblumen angelegt. Mit einem feinen Pinsel malt er die Verzierung und saugt überschüssige Farbe mit einem Schwamm ab.

Abb. 139: Gabriel Portolés besitzt eine Vorliebe für flache Farben, glaubt jedoch, daß man auch mit Farben Volumen anlegen kann, ja daß Farbe Volumen ist. Diese koloristische Malweise fand ihren Meister in Vincent van Gogh.

140

Abb. 140: Zum Abschluß dieses Stadiums hat Portolés den Vordergrund gelöst. Für die Keramikvase hat er zwei Brauntöne verwendet, die nicht nur unterschiedlich hell sind, sondern je einen größeren Ocker bzw. Karminanteil enthalten. Damit hat er die Kugelform der Vase angedeutet und ihre Farben mit den Tonwerten des übrigen Bildes und des Hintergrunds harmonisiert. Letzteres beweist übrigens, daß Portolés künstlerisch teilweise dem Kubismus nahesteht. Das restliche Bild ist impressionistisch.

Viertes und letztes Stadium: Der Mensch bestimmt den Stil

141

142

143

Der Maler spürt jetzt quer durch das Bild kleine Einzelheiten und Besonderheiten auf. In diesem beinahe organischen Bild unterliegt alles – wie in der Natur – einer ständigen Veränderung. Dies ist eine langwierige Arbeit, bei der Schicht auf Schicht, Lasur auf Lasur, Pinselstrich auf Schwamm und Schwamm auf Pinselstrich folgt, bis das Bild sein endgültiges Aussehen erreicht hat.

Jeder einzelne Bestandteil des Stillebens wird nach und nach bereichert: die blaue Verzierung der Vase mit den Sonnenblumen, das weiße Licht im Zentrum, das weiche Blau am Rand ... „Ich will in Licht und Schatten nicht die absolute Wirklichkeit wiedergeben, sondern eine subjektive, ästhetische Wirkung. Kopieren Sie niemals fotografisch, interpretieren Sie künstlerisch!"

Portolés bearbeitet nicht nur die Elemente im Vordergrund äußerst sorgfältig, er wendet sich von Zeit zu Zeit auch dem Hintergrund zu. So nimmt das Bild langsam seine endgültige Gestalt an. Dabei werden aber nicht alle Stellen bis ins letzte Detail ausgearbeitet, sondern nur jene, die der Maler für wichtig hält.

„Der Mensch bestimmt den Stil", sagte Bossuet, und Portolés ist bewußt ein Maler mit Stil! Seine Bilder sind nicht nur wegen ihrer Technik – die Eitemperamalerei –, sondern auch wegen der Art ihrer Ausführung unverwechselbar.

Portolés hat das Grün der Blätter, das sich von dem auf der Vase vorn unterscheidet, verstärkt und vertieft. Er verkürzt die einzelnen Blütenblätter der Sonnenblumen, die wie Vase und Äpfel Licht und Schatten aufweisen.

Mit seinen Schatten hält er sich allerdings nicht gewissenhaft an die Herkunft von einer bestimmten Lichtquelle. „Normalerweise fällt das Licht von einer Seite; doch ein Maler hält sich nicht an die Logik von Licht und Schatten, sondern möchte eine bestimmte bildhafte Wirkung erzielen. Mir liegt daran, ein bestimmtes Gefühl zu vermitteln; und es ist mir gleichgültig, ob ich dieses Gefühl mit dekorativen Elementen ausdrücke.

Das Gemälde ist in erster Linie etwas Dekoratives. Man sollte ihm keinen negativen Beigeschmack geben und es auch nicht zu einem reinen Dekorationsstück degradieren."

Wir haben schon darauf hingewiesen, daß sich in Gabriel Portolés' Werk Elemente des Impressionismus und des Kubismus befinden, wobei ihn Cézanne zum Kubismus geführt hat. Cézanne ist bei diesem Künstler, der unter einer Pyramide arbeitet, immer gegenwärtig – nicht nur in seiner Art und Weise, zwei Äpfel zu malen (beachten Sie die Kugelform im Vergleich zum vorigen Stadium), oder der einheitlichen Behandlung von Farb- und Tonwerten, sondern auch wegen seiner gewissenhaften Arbeitsweise.

Abb. 141 bis 143: Portolés verziert die Vase wie ein Keramiker und betont damit zusätzlich die Kugelform. Außerdem legt er Spitzlichter und Schatten an, die nicht der Wirklichkeit entsprechen, um die grünen Blätter vom Hintergrund abzuheben und die Rundung der Äpfel zu unterstreichen.

Abb. 144: Hier das Stilleben eines koloristischen Malers. Trotz aller Distanz, die der Künstler gewahrt hat, standen ihm zweifellos van Goghs „Sonnenblumen" vor Augen. Zur kritischen Beurteilung des fertigen Werkes sei vor allem auf die Bedeutung der Farben hingewiesen, die alle Formen aufbauen und für Volumen sorgen, ohne daß dazu die Wirkung von Licht und Schatten der Valoristen notwendig wäre. Der Maler hat nur dargestellt, was er für erforderlich hielt, und nahm keine Rücksicht auf die Lichtquelle. Deshalb hat er das Grün der Sonnenblumenblätter sowie die Äpfel und die Vase im Vordergrund abgeschattet.

144

Inhalt

Das Stilleben mit Ölfarben	4
José M. Parramón malt ein Stilleben	14
Mercè Diogène malt ein Stilleben	28
Rafael Durán malt ein Stilleben mit Blumen und Früchten	40
Gabriel Portolés malt ein Stilleben mit Eitemperafarben	52